THONON

ET SES EAUX

PRIX : 1 FR. 50.

EN VENTE :

A LA **LIBRAIRIE NOUVELLE**
BOULEVART DES ITALIENS ;
CHEZ **J.-B. CLAREY**, LIBRAIRE-ÉDITEUR,
40, RUE DE SEINE.
ET CHEZ **P. MALASSIS**, LIBRAIRE-ÉDITEUR,
97, RUE DE RICHELIEU ET PASSAGE MIRÈS.

THONON

ET SES EAUX

PRIX : 1 FR. 50.

EN VENTE :

A LA **LIBRAIRIE NOUVELLE**

BOULEVART DES ITALIENS ;

CHEZ J.-B. **CLAREY**, LIBRAIRE-ÉDITEUR,

40, RUE DE SEINE.

ET CHEZ P. **MALASSIS**, LIBRAIRE-ÉDITEUR,

97, RUE DE RICHELIEU ET PASSAGE MIRÈS.

1860

THONON ET SES EAUX

Novembre 1860.

I.

La France, disait dernièrement un de nos écrivains, n'a peut-être pas donné à la Savoie un salut de bienvenue assez enthousiaste. Ce pays, si richement doté sous le rapport des magnificences naturelles, habité par des populations si courageuses, berceau de tant de grands hommes, méritait sans doute davantage. Mais, à part les intrépides touristes qui, hier encore, confondaient la Savoie avec la Suisse, peu de personnes en France connaissent cette contrée aux aspects si splendides et si variés, où la nature semble avoir voulu montrer toute la puissance de son imagination inépuisable.

Et cependant, par combien de grands et nobles motifs la Savoie ne devrait-elle pas attirer non-seulement la curiosité, mais les plus sérieuses études?

Au géologue, au géographe, elle offre ses Alpes, ses glaciers, ses vallées tantôt si tourmentées et tantôt si riantes, ses terrains qui portent l'empreinte de tant de créations ; au botaniste, elle présente une flore pour ainsi dire unique; elle convie le météorologiste et l'astronome par les plus beaux observatoires naturels qui soient au monde ; elle invite le minéralogiste, l'ingénieur, par ses richesses minérales et par les difficultés mêmes qui président à leur exploitation. Le sylviculteur peut y étudier les productions les plus grandioses ; l'artiste y chercher des effets et des vues qu'il ne trouverait pas ailleurs ; le moraliste y trouve à observer des populations à part, pour ainsi dire ; l'historien y rencontre à chaque pas des souvenirs intéressants ; celui qui a lu les poètes y retrouve, soit les hermitages que Rousseau a célébrés, soit les lacs chantés par Byron et Lamartine. En un mot, la Savoie a un sourire pour tous. Il n'est pas jusqu'au gourmet qui ne soit attiré par les délicates espèces que nourrissent ses rivières et ses lacs, par le miel de ses abeilles, la venaison de ses forêts si chères aux vrais chasseurs, les fromages de ses montagnes et même les vins de ses coteaux.

Mais non, la Savoie a longtemps passé et passe encore pour un pays pauvre, sans commerce, sans industrie, elle qui a une série d'industries d'autant plus curieuses qu'elles ont été plus difficiles à établir, et le préjugé si fort en France lui dispute le rang qu'il accorde, par exemple, à la Suisse notre voisine.

Depuis quelques années, cependant, la vérité commence à se faire jour. Des visiteurs d'élite parcourent dans tous les sens la Savoie, attirés par la renommée des cures merveilleuses que produisent quelques-unes de ses eaux médicinales, et toute l'Europe élégante se donne rendez-vous dans plusieurs de nos villes. Ces eaux, que tout patriote doit bénir, ont été comme la révélation et la fortune de la Savoie.

Il n'est donc pas étonnant que nous attachions une grande importance à ces richesses thermales, dont le puissant attrait a rompu la barrière séculaire que l'ignorance et le préjugé élevaient entre la Savoie et les autres nations ; il n'est pas étonnant non plus qu'une découverte qui est de nature à attirer chez elle un plus grand nombre d'étrangers, nous paraisse une sorte d'événement.

La Savoie, qui ne possédait que deux véritables villes d'eaux, Aix et Evian, va en posséder une troisième dans la situation la plus favorable au rétablissement de la santé, aux excursions de toutes sortes, à la portée d'une capitale, au centre de productions agricoles qui rendent la vie facile et excluent toute idée de ces dépenses fastueuses auxquelles la vie des eaux engage trop souvent le malade et le voyageur !

Nous voulons parler de *Thonon !*

II

Tout le monde a entendu célébrer ce magnifique Chablais dont la non-possession cause tant d'émoi chez nos alliés de l'Helvétie. Le Chablais, qui forme aujourd'hui un simple arrondissement du département de la Haute-Savoie, est l'un des plus beaux et des plus riches pays de l'Europe. C'est l'ancien *Caballicus ager* des Romains, d'où ils tiraient leur cavalerie la meilleure. Il s'étend depuis le prolongement des Alpes de la Haute-Savoie jusqu'au lac de Genève, du bassin duquel il est, sans contredit, la partie la plus productive, la mieux éclairée du soleil, la plus saine, et réalisant au degré le plus haut les désirs de celui qui cherche à la fois le bien-être et la santé. Les anciens rois de Bourgogne, qui s'y connaissaient, le regardaient comme un de leurs meilleurs apanages. La Suisse l'a longtemps disputé à la Savoie. Il est aujourd'hui l'un des fleurons de la France. Il avait déjà été français sous le premier empire. Il l'était resté par le langage, le cœur et les mœurs.

Thonon, dont nous avons prononcé le nom, est l'antique capitale de ce splendide petit coin de terre. De Thonon, l'on aperçoit Genève, et Genève, grâce aux chemins de fer, n'est qu'à quelques heures de Paris. Le voyageur qui s'endort en quittant la capitale de la France, peut déjeûner le lendemain à Thonon.

Cette ville, que l'Empereur et l'Impératrice viennent de visiter, est aujourd'hui le siége d'une simple sous-préfecture; mais si nos prévisions ne nous trompent, elle est destinée à conquérir, dans un avenir prochain, sous plusieurs rapports, une grande importance administrative et commerciale.

Une foule de routes y conduisent de toutes les grandes villes de l'Est de la France, de celles de la Suisse et de la Savoie. Nous ne nous occuperons que de celles qui rayonnent sur Genève.

L'achèvement de nos chemins de fer a fait de Genève, on le sait, comme une annexe de Paris. On s'y rend plus rapidement qu'on n'allait autrefois de Paris à Fontainebleau. Un service de bateaux à vapeur, correspondant avec les trains du chemin de fer, transporte en deux heures, et plusieurs fois par jour, les voyageurs de Genève à Thonon.

Indépendamment de ce moyen de communication si rapide et si économique, trois routes. également chères aux touristes, se dirigent de Genève sur Thonon, à travers les plus beaux sites et les plus magnifiques paysages.

La première traverse les *Eaux-Vives*, touche à *Cologny* où lord Byron écrivit en 1816, dans la villa Diodati, trois chants de *Child-Harold*, et sa tragédie de *Manfred*. Au-delà du hameau de *La Capite*, on laisse à droite les ruines du château de Rouelbeau et l'on atteint bientôt le petit village de *Corzier*. Là, le paysage change d'aspect, on perd de vue le lac et ses rives charmantes, on traverse une plaine féconde en céréales et parsemée de massifs d'arbres touffus ; les Alpes elles-mêmes finissent par disparaître derrière les belles et pittoresques montagnes du Chablais qui leur servent de puissants contreforts. A quinze kilomètres de Genève on rencontre *Douvaine*, première commune française, puis *Massongy*, *Sciez*, et enfin *Thonon*, à trente kilomètres.

Les deux autres routes, moins directes, permettent de visiter des localités et des sites ravissants. L'une suit les bords du lac et conduit à Nernier, Ivoire, Hermance, Champ-Cusy, au château de Beauregard, à celui de Coudré, etc. L'autre se rapproche du pied des collines et traverse Chênes, Annemasse, Machilly, Langin, Perrigny, les Allinges, etc (1).

La ville de Thonon s'élève en amphithéâtre sur les bords du lac Léman, dans une position très pittoresque et très salubre. Elle se divise, comme la plupart des villes adossées à des hauteurs, en basse-ville et ville-haute. La basse-ville, groupe de maisons de pê-

(1) Dans une récente délibération, le conseil général du Rhône vient de réclamer l'embranchement direct du chemin de fer de Lyon à Thonon, par Annecy, Bons et Perrigny. — Ainsi on ne quitterait plus le territoire français.

cheurs, est baignée par les eaux du lac et forme le port sur lequel s'est arrêtée déjà la sollicitude de l'Empereur (1).

La ville haute possède près de 4,500 habitants ; elle est construite sur un plateau qui domine le lac et s'étend à plusieurs lieues jusqu'aux pieds de vertes montagnes couronnées de riches pâturages et de magnifiques forêts de châtaigners, de hêtres et de sapins ; elle renferme quelques édifices : l'hôpital, l'église, le collége, l'hôtel-de-Ville, les prisons, etc.

Si humble qu'il soit, chacun de ces monuments se rattache à un souvenir historique ou à des traditions locales. Thonon a un passé glorieux et peut, avec orgueil, mettre au grand jour ses archives. Nous n'avons point ici, bien entendu, à raconter son histoire ; mais qu'il nous soit du moins permis de rappeler sa haute antiquité et les noms de quelques-uns des hommes célèbres auxquels cette petite cité donna naissance.

On trouve dans un document du onzième siècle que, déjà à cette époque, la ville possédait un monastère de Bénédictins et une église dédiée à la Vierge. La bourgeoisie de Thonon tenait des anciens comtes de Savoie, et notamment d'Amédée IV, duc du Chablais, des franchises et des priviléges qui furent confirmés par ses successeurs pendant les treizième et quatorzième siècles.

Amédée VIII donna des proportions considérables au château que les anciens comtes de Savoie avaient fait bâtir à Thonon. Il y résidait une grande partie de l'année. Son fils, le comte Louis, préférait aussi à tout autre

______

(1) Un décret du 18 août déclare d'utilité publique l'établissement de ce port.

le séjour de Thonon. C'est dans ses murs que naquit le 1ᵉʳ février 1435, l'héroïque Amédée IX que sa valeur et sa générosité ont rendu célèbre.

Par combien de vicissitudes cette malheureuse ville fut obligée d'acheter son indépendance politique et religieuse ! Combien d'efforts pour conserver sa nationalité et sa foi. Pendant la guerre que les Bernois faisaient en 1536 au duc Charles III, la ville de Thonon et tout le Chablais furent, par un édit du sénat de Berne, annexés au territoire de la république. On voit que le système des annexions ne date pas d'hier ; il n'y a rien de nouveau sous le soleil. La ville de Thonon fut le chef-lieu de ce nouveau bailliage. Elle eut une chambre composée de douze assesseurs choisis parmi les notables de l'endroit, et chargée de juger toutes les affaires contentieuses et administratives du pays. Mais la question religieuse vint bientôt soulever des passions, des haines et des rivalités déplorables. Les habitants de Thonon s'opposèrent ouvertement à la prédication de la réforme et forcèrent à la retraite les prédicateurs protestants. Sur ce, grande colère à Berne. Un bourgeois catholique ayant été mis en prison, toute la ville se leva en armes ; le bailli fut attaqué et poursuivi jusque dans le château. Une véritable insurrection ! L'ordre fut rétabli par les Bernois, l'on sait que cela veut dire l'application de la la loi du plus fort. Le sénat de Berne fit abattre toutes les images, ferma les églises, défendit l'exercice du culte catholique et décréta l'établissement exclusif de la religion réformée dans toute l'étendue de la république. Thonon devint alors le chef-lieu de la septième classe des églises réformées ; comme qui dirait un archevêché. Le synode de Lausanne. tenu le 31 mai 1537, soumit à l'autorité religieuse de Thonon les pasteurs établis dans le Chablais et dans les bailliages de Ternier et de Gaillard.

Mais on ne change pas par ordonnance la religion d'un peuple. On cite deux moines augustins dont l'histoire a conservé les noms, qui passèrent aux réformés. Tous les autres religieux, tout le clergé séculier et régulier, restèrent fidèles à la religion catholique.

Le traité de Lausanne, du 30 octobre 1564, rétablit le Chablais sous la domination de la maison de Savoie. Puis la guerre ayant éclaté de nouveau entre la Savoie et Genève, vers la fin d'avril 1589, Thonon fut forcée de capituler après dix jours de tranchée ouverte.

Ce fut la prise de la tour de la Fléchère, au faubourg de Concise, qui obligea le gouverneur de Thonon. M. de Menthon, à se rendre. Il sortit du château avec sa vaillante garnison, *ayant l'épée et le poignard au côté, arquebuse sur l'épaule, mèche éteinte, tambour cessant et drapeau ployé.*

Ripaille, ayant été aussi obligé de se rendre le 1er mai suivant, fut démantelé, son port comblé et ses galères brûlées.

Mais aussitôt qu'il apprend cette invasion du Chablais, Charles-Emmanuel Ier rassemble une armée de 15,000 hommes, et, dans l'espace de quelques semaines, reprend toutes les places et forteresses occupées par les Genèvois. Voilà Thonon redevenue savoyarde. La guerre finit par le traité signé à Nyon. le 1er octobre 1589.

En vertu de ce traité. le duc de Savoie devait permettre le libre exercice du culte réformé dans la ville de Thonon; mais, comme on le pense bien, tous ses soins tendirent à éluder l'exécution de cette clause. — Il n'était pas dans sa politique de procéder par la violence. Il pensa avec raison qu'il rallierait plus d'habitants à la foi catholique avec le miel de la persuasion qu'avec le vinaigre de la force brutale; et, en 1594, il chargea de cette délicate mission le plus habile, le plus prudent et le plus persuasif des hommes. saint François de Sales.

L'illustre jurisconsulte, le président Antoine Favre, envoyé par le duc pour concourir à cette œuvre surtout politique, obtint du conseil de la ville que les catholiques et les réformés exerceraient alternativement leur culte dans l'église Saint-Hippolyte : sublime sacerdoce, initiation libérale à la grande religion de l'avenir, la divine *Tolérance!*

Saint François s'adjoignit son cousin Louis de Sales, et au bout de trois ans, toute la noblesse, les principaux bourgeois du pays, et toute la population du Chablais étaient rentrés dans le sein de l'église romaine. Le petit nombre des récalcitrants fut réuni et admonesté par Charles-Emmanuel lui-même, qui leur accorda six mois pour se faire instruire dans la religion catholique, en leur déclarant que, passé ce temps, ils seraient tenus ou d'abjurer ou de sortir de ses états. Ils voulurent chercher protection auprès des puissances protestantes qui réclamèrent auprès de Charles-Emmanuel; mais le duc persista dans sa résolution. et, pour toute réponse, publia des lettres patentes ordonnant la réédification de toutes les églises du Chablais et l'établissement d'un collége de jésuites à Thonon. Après les jésuites. vinrent les barnabites : après les barnabites, les capucins; après les capu—

cins, la célèbre abbaye d'Abondance, composée d'un préfet ayant le titre d'abbé d'Abondance, et de onze chanoines portant les insignes de saints Maurice et Lazare. Puis, vinrent les Visitandines, les Annonciades et les Ursulines.

Ce n'est pas d'hier, on le voit, que les réclamations du vaincu n'obtiennent de ses puissants amis que le concours de protestations, utiles au moins pour la moralité de l'histoire.

Il est donc vrai qu'un certain éclat rayonne autour de cette petite ville de Thonon, et que, si un érudit voulait se donner la peine de fouiller dans ses archives et dans ses chroniques, il y trouverait une abondante moisson.

Thonon a vu naître quelques hommes célèbres. Nous avons déjà parlé d'Amédée IX, duc de Savoie, un des princes les plus vertueux de cette grande et illustre maison.

Nous citerons encore le baron de Lullin-Aymon, un des membres les plus éminents de cette ancienne et puissante famille du Chablais. Charles III lui confia l'éducation de son fils Emmanuel-Philibert. Ce baron de Lullin-Aymon fut un des hommes les plus savants de son siècle. Le dernier rejeton de cette famille, Albert-Eugène, chevalier de l'Annonciade et ambassadeur en France, fonda à Thonon le couvent des minimes et fit bâtir le magnifique palais où fut établie la Maison des Arts, aujourd'hui entièrement détruite.

Mentionnons en outre :

Le baron Antoine d'Awully, juge du consistoire, qui abjura le protestantisme après avoir entendu un sermon de saint François de Sales; il publia les motifs de sa conversion, contribua puissamment à celle de sa patrie, et mérita les félicitations du pape Clément VIII, dans un bref du 20 septembre 1596 ;

Le célèbre prévôt des barnabites Lacombe, qui fut le directeur spirituel de Mme Guyon ;

Daviet de Foncenex, mathématicien célèbre, très estimé de d'Alembert ;

Les nobles et anciennes familles de Sonnaz, (le jeune poète de Sonnaz d'Habères fut remarqué par Voltaire) ; la noble famille de Faurax, alliée à celle des deux de Maistre, nos illustres écrivains ;

Les généraux Dessaix, Chastel, Dupas, dont les noms sont burinés dans les pages héroïques de la république et de l'empire ; le savant cardinal Gerdil, qui fit ses premières études au collége de Thonon, etc.

Les souvenirs historiques, les promenades les plus agréables abondent dans les environs de Thonon.

C'est d'abord le château de Ripaille, ancien prieuré d'Augustins fondé par Amédée VIII, le premier des comtes de Savoie qui prit le titre de duc. Amédée s'y retira et y fit construire un château composé de sept tours et de sept appartements ayant chacun leurs dépendances ; le jardin du château communiquait avec un parc planté d'allées de chênes, distribué en forme d'étoile dont les rayons avaient pour point de vue la perspective d'une ville ou d'un bourg de la Suisse. C'est à cette belle résidence qu'il donna l'humble nom d'*Ermitage*.

Ce fut là qu'il institua, en 1434, l'ordre de la chevalerie séculière de l'Annonciade, qui n'était qu'une transformation de celui du *Lac d'amour* établi en 1355 par le comte Amédée, dit *le Vert*. Les chevaliers qu'Amédée VIII admettait dans ce paisible et somptueux ermitage de Ripaille, y vivaient dans l'abondance et

comblés de tout ce qui fait le charme d'une vie dé-
cente et aisée. Leur costume, loin d'être grossier
comme celui des religieux, était d'un drap gris, très
fin ; ils portaient un bonnet d'écarlate, une ceinture
d'or et une croix d'or. Le dicton populaire : *Faire
ripaille*, date probablement de cette époque.

Amédée, qui fut surnommé le *Pacifique* et le *Sa-
lomon de son siècle*, avait résigné le pouvoir suprême
et cachait son heureuse existence dans le confortable
ermitage de Ripaille, lorsqu'il fut élu pape sous le nom
de Félix V, par les pères du concile de Bâle, en 1439.
Le 24 décembre, il tint chapelle papale à Thonon et
fit couper sa longue barbe qui déplaisait au peuple.
Après la mort d'Eugène IV, il renonça à la papauté en
faveur de Nicolas V, l'an 1449. Par esprit de paix, et
pour faire cesser le schisme ; il échangea philosophi-
quement la tiare contre un chapeau de cardinal : ce fut
en cette qualité qu'il administra l'évêché de Genève
jusqu'à sa mort, qui eut lieu en 1451. Son tombeau fut
détruit par les Bernois, en 1538, lors du siége de
Ripaille. Ses ossements reposent maintenant dans la
métropole de Turin.

Saint François de Sales transféra à Ripaille les
chartreux de Vallon, le 14 juin 1614. Ces religieux
firent, en 1770, décorer avec beaucoup de magnifi-
cence la façade et l'intérieur de l'église.

A une lieue au sud-est de Thonon est le bourg
d'Allinges, très considérable autrefois. Rodolphe II,
roi de Bourgogne, y avait fait construire un fort dont
les comtes de Savoie et les barons de Faucigny se dis-
putèrent longtemps la possession et dont Édouard
de Savoie s'empara en 1332, après un siége meur-
trier.

Le fort d'Allinges fut le boulevart du Chablais pendant les guerres du quatorzième siècle entre Berne, Genève et les ducs de Savoie qui le laissèrent enfin tomber en ruines. Ce qui prouve que l'ancien bourg d'Allinges était dans le dixième siècle le lieu le plus considérable du Chablais, c'est que les évêques de Genève y établirent un doyen rural qui y avait juridiction sur 64 églises paroissiales, et que ce doyen tenait le premier rang dans les séances du clergé convoqué en synode. La commune d'Allinges était en outre le chef-lieu de huit autres églises, qui sous l'ancien gouvernement avaient un grand-syndic, un conseil commun, des priviléges particuliers, le droit de bourgeoisie et celui du tir à l'oiseau que leur accorda Charles-Emmanuel Ier. Le capitaine et le banneret du mandement étaient nommés par les seigneurs d'Allinges qui conservaient, dans leur château de Coudré, le drapeau sous lequel se rassemblait chaque année la bourgeoisie pour s'exercer aux évolutions militaires.

Il faudrait tout citer, tout visiter : Hermance, bâtie au onzième siècle par Hermengarde, reine de Bourgogne ; la Rochette, fière encore des ruines du fort des Huilles pris et démoli par Henri IV en 1600 ; l'abbaye de Saint-Jean-d'Aulph ; la tour de Langin, un des monuments les plus intéressants de la féodalité ; la montagne de Salève, celle des Voirons et sa chartreuse en ruines ; le vieux château de Larringes d'où les yeux contemplent le plus beau paysage ; la grotte des fées et ses onze bassins de stalactiques ; Amphion et ses bords enchanteurs ; Evian, ses riches coteaux et sa végétation luxuriante ; Publier, avec son élégant belvéder et ses ombrages hospitaliers ; les rochers de

Meillerie rendus immortels par J.-J. Rousseau ; la route pittoresque des *Vallées* tracée sur les bords torrentueux de la Dranse et pénétrant au cœur des montagnes, à travers des sites plus sauvages que ceux des gorges de la Chiffa, entre Blidah et Médéah ; l'ascension sur *Memise-la-Grande*, sur *Ubine-la-Belle*, sur les cornettes élevées de *Bise*, sur la *Dent d'Oche*, d'où l'on découvre tous les lacs de la Suisse, toutes les aiguilles du Mont Blanc et l'imposante chaîne des Alpes helvétiques, etc.

Que n'aurions-nous pas à dire encore des légendes populaires répandues sur chaque ruine, sur chacun de ces nombreux et gigantesques blocs erratiques, que la nature a, de sa main toute puissante, arrachés du flanc granitique des hautes mantagnes et roulés comme des grains de sable dans la plaine et jusque sur la grève du lac Léman, ou qu'elle a soulevés du fond des abîmes de la terre, dans une des terribles convulsions qui ont déchiré ses entrailles !

Et quel spectacle plus émouvant et nouveau pour l'habitant des villes que celui des touchantes cérémonies, accomplies tous les ans par le prêtre savoyard, quand il va rejoindre les pâtres sur les plus hautes montagnes, dans la saison des verts pâturages, et que là, sous la voûte d'un ciel bleu et sans nuages, prenant pour autel un rocher illuminé des premiers rayons du soleil levant, il appelle la bénédiction divine sur ces robustes populations agenouillées à ses pieds, et sur les troupeaux qui paissent aux alentours et qui mêlent à ses pieuses invocations leurs doux mugissements et le tintement plaintif de leurs clochettes !

De quelque côté que le touriste dirige ses pas dans

ce beau pays, il rencontre des sites merveilleux, d'in-
comparables points de vue, des souvenirs historiques,
des ruines éloquentes. Le poëte, le penseur, le savant,
le géologue, l'homme du monde, tous peuvent y trouver ce qui doit le plus puissamment inspirer, charmer,
instruire.

III

La maison de Savoie, que ses destinées et son am-
bition entraînaient vers le midi, en Italie, avait étrange-
ment négligé son berceau. Les provinces savoisiennes,
depuis très longtemps, ne participaient qu'aux char-
ges du budget, sans recevoir aucune marque de sollicitude du gouvernement sarde.

Aujourd'hui qu'elles sont redevenues françaises,
grâce à la sagesse et à l'énergie du gouvernement impérial, ces provinces ne tarderont pas à retrouver la
vie qui semblait les fuir.

La ville de Thonon devra à une circonstance particulière l'heureux privilége de participer promptement
à cette vie nouvelle, et d'attirer sur elle l'attention publique. Ayant soumis à l'examen des chimistes l'eau
provenant des sources qu'il venait d'acquérir pour la
consommation des habitants, le syndicat de la ville de
Thonon apprit avec étonnement que ces eaux conte-
naient des principes résineux et minéralisateurs extrêmement précieux en médecine.

Les eaux de Thonon, d'après les rapports des hommes de science, sont destinées à acquérir une grande
célébrité, et à attirer, soit en raison de leurs vertus
curatives, soit à cause de la situation topographique

de la ville, un nombreux concours de voyageurs, de baigneurs ou de touristes.

Il suffira, pour cela, de les faire connaître. Et nous ne pouvons mieux faire que de détacher les passages suivants d'un rapport de l'honorable M. Calloud, chimiste et écrivain dont la réputation n'est pas seulement bornée à la Savoie, mais qui est bien connu dans le monde de la science :

« Le terrain sur lequel jaillit cette eau appartient, d'après les interprétations de quelques géologues, à l'époque hypothétique des formations glaciaires, ou est rangé dans le diluvium. En somme, il représente un énorme amas d'alluvions, dessiné en mamelons, en vallons, en bassins étagés les uns au-dessus des autres et recouverts d'une couche de terre végétale en général peu profonde.

» On observe la coupure bien nette de ces alluvions dans leurs flancs déchirés sur les bords du lac de Genève, près de Thonon, à Corzent.

» L'aspect général indique que ces terrains accidentés ont été recouverts de petits lacs dont les fonds se sont comblés.

» A deux kilomètres des sources, commence la colline des Allinges, haute d'environ 300 mètres, formée de grès tertiaire molassique exploité pour le pavage, et qui s'étend parallèlement au lac de Genève sur un prolongement de deux lieues. Par-delà cette colline, au sud-est, existe une vallée, soit un large plateau entrecoupé de terres cultivées, de prairies et de marécages à eaux vives, où on voit en abondance des plantes cypéracées, graminées, amaryllidées, orchidées, des saules nains, des aulnes, la flouve, le colchique, la menthe aquatique, l'aunée, la reine des prés, etc., baignés par les eaux qui se perdent sous l'alluvion du diluvium adossé à la colline et viennent sourdre, à quelques kilomètres de là, dans les parties déchirées. Il est présumable que ce sont ces mêmes eaux qui, après avoir lessivé tant de prairies où elles puisent leur intéressante matière résineuse balsamique, et filtré à travers le gravier du diluvium, forment les belles sources de Thonon (1).

» L'horizon, au midi, du côté des Alpes du mont Blanc, est fermé à une distance de 7 à 8 kilomètres par une chaine de montagnes calcaires de formations néocomienne et nummulitique. Ces montagnes, qui se prolongent sans discontinuité, en ligne directe de la vallée de la Dranse, près Thonon, jusqu'aux Voirons, près de Genève, sont habillées de la base à la cîme de belles végétations conifères et amentacées et de riches prairies.

» Le versant de ces prairies montueuses domine le plateau situé derrière la colline de grès tertiaire des Allinges et les mamelons du diluvium qui couronnent les sources. A l'extrémité de cette chaîne de montagnes, dans la coupure faite par la rivière de la Dranse, à 5 kilomètres est de Thonon, le lias et le gypse compacte des terrains inférieurs font une saillie; on y exploite le gypse : ce sont les carrières d'Armoy.

» A environ 1500 mètres des sources, à l'ouest, est le hameau de *Marclaz* dont les terres présentent des gisements d'argile silicio-ocracée et où se trouvent des eaux ferrugineuses bi-carbonatées anciennement renommées (2). A sept kilomètres est, sur les bords de la Dranse, à la Forclaz, existe une source sulfureuse froide abondante. A 12 kilomètres des sources, est-sud, dans la belle vallée d'Aulph, près des ruines de l'abbaye de ce nom, il y a une autre source sulfureuse et alcaline froide dont la minéralisation sulfureuse est stable. Les paysans l'appellent *Eau pourrie*.

---

(1) A côté de cette indication, il faut mettre celle de la découverte de quelques débris de fossiles inflammables dans les couches les plus déclives du grès molassique de la colline des Allinges, près des carrières en exploitation.

(2) L'analyse des eaux ferrugineuses alcalines de *Marclaz* a été aite en 1770 par Tingry, de Genève. L'administration de Thonon s'occupe de rechercher ces eaux abandonnées depuis bien des années.

C'étaient les meilleures eaux ferrugineuses du Chablais.

» Pour compléter ces documents géognostiques, je ne crois pas inutile de signaler qu'un peu de tourbe de formation récente recouvre partiellement le sol incliné d'où jaillissent les sources. Cette tourbe a dû se former avant qu'on eût pratiqué un écoulement aux eaux. Une inspection minutieuse m'a prouvé que les sources en question n'ont pas actuellement de contact avec cette tourbe : car elles jaillissent de bas en haut du gravier dont elles soulèvent les parties les moins denses. Peut-être aussi, antérieurement, jaillissaient-elles au-dessus des points de leur émergence actuelle. Toutefois, à raison des circonstances qui dotent parfois les sources d'un excès de gaz acide carbonique, il y aurait lieu d'attribuer ce fait à un dégagement intermittent de ce gaz du sol tourbeux qui les recouvre en partie. L'eau est d'une parfaite limpidité, fort belle à voir, très bonne à boire, très fraîche. Elle accuse au thermomètre le plus sensible 11°—12° centigrades , l'air ambiant marquant 21°—25° au-dessus de zéro.

» Il y a lieu de noter ici une observation intéressante transmise par les ménagères depuis qu'on s'occupe de cette eau. Elles rapportent unanimement que le linge blanchi avec cette eau conserve, une fois desséché, une odeur agréable que n'a pas le linge blanchi avec d'autres eaux de fontaine et de rivière. Ce fait est rapporté pareillement pour l'eau d'Evian et pour celle d'une rivière de Rumilly (le Chéron), dont la composition est presque analogue et qui traversent des amas d'alluvions graveleux semblables.

» Tous ces faits donnent un intérêt particulier à l'eau de Thonon. La révélation d'une matière résineuse à type benzoïque qui entre dans sa minéralisation jette un nouveau jour sur la composition des eaux; car je crois ce fait plus général que particulier. Il n'est pas moins remarquable que les eaux de Thonon ont produit des guérisons, dans plusieurs cas de maladies chroniques, dont ne rendrait pas raison leur composition minérale qui, à elle seule, ne présente rien de plus qu'une source de sels digestifs bien connus dans leurs effets. Le secret de l'action de ces eaux réside, à mon avis, dans le puissant concours que leur fournit leur intéressante matière organique, produit de mille plantes lessivées. Si l'on considère que des plantes exsudent des substances résineuses (gommes, résines, oléo-résine, térébenthines, baumes), substances peu mobiles, les plus fixes des élaborations organiques, le fait nouveau que j'ai signalé pour les eaux de Thonon, ne doit pas paraître surprenant.

» J'ai trouvé dans les bulbes desséchées de colchique (*colchicum autumnale*), l'acide benzoïque. On sait d'autre part que les racines chevelues de l'*anthoxantum odoratum*, celles de plusieurs roseaux, saules, aulnes, graminées, orchidées, ont une odeur de vanille. La décoction des coquilles d'amandes prend une odeur suave benzoïque qu'on nomme dans les familles *thé de vanille*. Les fruits cuits de plusieurs espèces du genre pyrus ont pareillement une odeur benzoïque.

» Ces faits démontrent que l'acide benzoïque résineux est très répandu dans les végétaux. Les animaux herbivores prennent aux végétaux herbacés leur acide benzoïque qui s'unit à l'acide urique, produit de l'organisation animale, d'où provient l'acide hippurique. Très probablement, c'est la présence constante de l'acide benzoïque dans les produits de la digestion chez les animaux herbivores, qui s'unissant à l'acide urique et formant la combinaison hippurique, beaucoup plus soluble que l'acide urique, empêche la formation des calculs uriques inconnus chez les animaux.

» Les sécrétions de crustacés adhérentes aux cailloux qui forment le lit des sources et qui communiquent aux eaux une odeur de marée, doivent aussi être prises en considération pour expliquer leur action thérapeutique. Ces sécrétions, bien qu'appartenant à la chimie animale, dont les produits sont, en général, si mobiles et si destructibles, sont douées d'une persistance de durée qui défie les forces mobilisantes de l'ordre naturel, oxygène et ferments. Leur adhérence sur les surfaces minérales où elles se fixent comme une teinture donnerait la raison de leur durée. Mais si on considère, d'autre part, que plusieurs substances d'origine animale, bien que douées d'une extrême diffusibilité, comme le castoreum, le musc, l'ambre gris, les bézoards, offrent isolément les propriétés de conservation la plus marquée, il y a lieu d'interpréter que des sécrétions analogues d'espèces animales existent dans le parcours des eaux et les imprégnent de leurs molécules solubles et diffusibles. »

IV

La municipalité de Thonon a fait la concession de ses eaux à une compagnie qui se propose de construire, à mi-côte, un établissement dominant le lac et offrant aux voyageurs et aux malades, indépendamment du plus magnifique panorama, toutes les ressources de l'art et du confortable modernes.

Trois sources situées à une faible distance de la ville et ayant entr'elles beaucoup d'analogie, ainsi qu'on le verra par les rapports officiels, fourniront abondamment à cet établissement une masse d'eau suffisante à tous les services hygiéniques, tels que bains, douches, boissons, immersions, piscines, etc., etc.

L'établissement, situé au milieu d'un vaste jardin, indépendamment des grands salons de réunion, contiendra un hôtel avec des salles de lecture, de billard, de gymnase, de musique, etc., de longues galeries ayant vue sur le lac, avec des appartements confortables accessibles à toutes les fortunes.

Déjà la vertu curative des eaux de Thonon a été expérimentée sur de nombreux malades, et le succès le plus complet a toujours couronné cette expérimentation. Un grand nombre de maladies, même parmi celles qui sont considérées comme incurables, ont cédé à leur action. Nous pourrions citer ici des faits nombreux attestés par des hommes de science ; les limites de cet écrit nous font un devoir de borner ces citations ; on les trouvera à la suite de cet exposé.

Les eaux de Thonon ont été découvertes et analysées par M. Calloud, dont nous venons d'invoquer le témoignage, elles ont été examinées avec un soin particulier par M. le docteur Joseph Dubouloz qui a recueilli sur leur action thérapeutique, les faits les plus précis et les plus concluants. Elles ont été également soumises à l'analyse chimique par un des savants les plus estimés de Paris, M. Ossian Henry père, membre de l'Académie impériale de médecine, chef de ses travaux chimiques, et par M. Dumont, de Bonneville.

Nous appelons particulièrement l'attention de nos lecteurs sur l'étude remarquable du savant M. Calloud, qui a publié des travaux consciencieux et fort appréciés sur toutes les eaux thermales et minérales des deux nouveaux départements annexés. On trouvera plus loin le texte de ces documents.

Il résulte de ces différents rapports que les trois sources extrêmement abondantes, destinées à alimenter l'établissement de Thonon, ont des qualités presque identiques ; qu'elles appartiennent aux eaux bi-carbonatées, calciques, alcalines, magnésiennes et résineuses ; qu'elles ne présentent. parmi leurs éléments minéralisateurs, aucune substance nuisible à la santé, et qu'elles contiennent un principe résineux benzoïque et balsamique exhalant un suave parfum de vanille ou l'odeur de marée, suivant les réactifs employés pour leur analyse.

Considérée au point de vue hygiénique, l'eau analysée a offert les meilleures conditions, comme propre à la digestion et au travail d'ossification chez les enfants ou chez les sujets débiles.

M. le docteur O. Henry père a envisagé les eaux soumises à son examen sous le point de vue de la thérapeutique et comme agent médical. Il a principalement appuyé les savantes considérations exposées dans son rapport sur la comparaison des eaux de Thonon avec celles d'Evian. parce qu'elles ont beaucoup d'analogie entre elles, à la proportion près des éléments minéralisateurs qui sont plus abondants dans celles de Thonon (1).

Les observations recueillies avec un soin scrupuleux, notamment par le savant docteur Dupraz, constatent que les eaux d'Evian agissent efficacement sur toutes les maladies des voies urinaires et des reins, les affections de la prostate et celles de l'utérus, sur les affections de l'estomac et des intestins, celles du foie, les engorgements abdominaux, etc., etc.

Les observations recueillies à Thonon et à Evian par MM. les docteurs Noël, Germain Rieux, Geoffroy, Tavernier, Dubouloz. et que nous reproduisons plus loin, signalent des effets analogues et bien plus décisifs pour les eaux de Thonon.

Les médecins attachent au principe résineux benzoïque contenu par exception dans ces eaux des vertus curatives plus particulièrement favorables

---

(1) Nous renvoyons ceux de nos lecteurs qui voudraient s'édifier plus complètement sur les eaux minérales et alcalines d'Evian aux notices publiées par M. le docteur Germain Rieux, de la faculté de Paris, par M. le docteur Dupraz, par M. le docteur Davet de Benery, comte de Beaurepaire, et par M. le docteur Andrier.

au traitement des maladies de la peau, des plaies extérieures et des affections catarrhales en général.

L'usage de ces eaux en bains ou en boissons développe avec une énergie remarquable le phénomène de la poussée, ou des éruptions de boutons miliaires et des démangeaisons sur tout le corps, comme le font les eaux de Louêche.

Les eaux prises en boisson n'offrent aucune saveur, aucune odeur particulière; elles sont d'une douceur, d'une limpidité, irréprochables; on peut les comparer aux sources les plus pures et les plus agréables pour l'usage de la table et de la toilette.

Elles ont la propriété de faire disparaître, en très peu de temps, les éphélides, les taches de rousseur et les affections verruqueuses. Elles donnent à la peau une blancheur et un velouté singuliers.

Leur température ne s'élève pas au-delà de 12 à 14° centigrades, en été comme en hiver (1).

V

Ces eaux, quoique nouvellement révélées à la science, comme nous l'avons dit plus haut, jouissent depuis longtemps, d'ailleurs, d'une popularité que l'on attribuait à des idées superstitieuses et que les analyses de la science ont consacrée et justifiée. Lorsque le plus illustre des enfants de la Savoie. saint François de Sales, parcourait le Chablais pendant les luttes religieuses qui agitèrent si profondé-

---

(1) M. le docteur Dubouloz a constaté qu'en hiver, par 8° centigrades au-dessous de zéro, leur température restait constante et invariable à 14°.

ment ce pays, il partait tous les soirs de Thonon, et traversait le ruisseau formé par ces eaux minérales, pour trouver un refuge et un abri dans le château des Allinges. Situé sur une des hauteurs d'où l'œil découvre le plus splendide spectacle, le château des Allinges était alors une place forte imprenable. Le temps a fait son œuvre; le château est aujourd'hui en ruines, et là où le grand saint priait et méditait, on ne trouve plus qu'une humble chapelle placée sous son invocation. Cette chapelle est maintenant le but d'un pieux pèlerinage, et jamais poète n'a suivi de plus merveilleux sentiers que ceux qui conduisent les fidèles et les curieux à la chapelle des Allinges. Ce ne sont que tapis de mousses, bouquets de verdure, arbres entrelacés, buissons de fleurs où vivent, gazouillent et s'ébattent des myriades d'oiseaux.

Saint François soupçonna la vertu des eaux de Thonon. il en conseillait l'usage pour les ophthalmies et les plaies. C'est pourquoi la reconnaissance du peuple leur a conservé le nom d'*Eaux de saint François*.

Voici comment s'exprime à cet égard le savant chimiste M. Calloud, dans un de ses rapports du 20 novembre 1859 :

« Les sources de Thonon qui, seulement cette année, par un simple effet du hasard, et par suite de mon observation sur leur composition chimique, ont tant éveillé l'attention publique, avaient été fréquentées vers la fin du seizième siècle par saint François de Sales, à l'époque où cet apôtre, le plus doux, le plus aimable et le plus éclairé des hommes de son temps, faisait des missions dans le Bas-Chablais et à Thonon

même, que les disciples de la réforme de Calvin te-
naient en maîtres absolus. Ces sources se trouvant à
moitié chemin de Thonon au château-fort des Allinges
où il séjournait, il les rencontrait chaque fois qu'il
descendait à Thonon, et qu'il remontait aux Allinges.
Le nom de ce saint, particulièrement cher à la Savoie,
était resté à l'une d'elles, et quelques personnes
croyantes l'avaient vénérée, comme baume à toutes
sortes de maux.

» D'après le témoignage de personnes graves et
dignes de foi, saint François a laissé un écrit où il re-
commande l'eau de ces sources contre les maladies
des yeux et les plaies. Peut-être le saint, dans ses
pérégrinations, souvent poursuivi. et obligé de se ré-
fugier dans des broussailles, de s'y frayer un chemin,
et d'y essuyer les intempéries de l'air pour se sous-
traire à des embûches et à des attentats, avait-il gagné
des blessures et des ophtalmies qui avaient cédé à l'u-
sage de ces eaux !

» De fait, ces eaux passent pour cicatrisantes; cette
même propriété est attribuée d'ailleurs à d'autres eaux
en apparence insignifiantes, celle du Chéron, à Rumilly (1).

» On rapporte un fait plus récent de l'usage fortuit
de ces eaux : Un habitant de Thonon, qui se plaisait à
élever des rossignols, ayant rencontré un nid de ces
oiseaux sur un buisson penché vers les sources, vint,
chaque jour pendant trois semaines, dans ce lieu soli-
taire, surveiller les progrès de sa chère nichée. Il pas-

(1) On cite un fait étrange à l'honneur des eaux de Thonon :
c'est la guérison d'une *fille* couverte d'ulcères anciens, après l'u-
sage seul de ces eaux *intus et extra* pendant un mois. Ce fait a été
constaté tout récemment.

sait plusieurs heures auprès du buisson mystérieux qui lui permettait de faire des observations ornithologiques dont il avait besoin pour réussir dans l'élève difficile du rossignol. Il était atteint depuis plusieurs années d'un catarrhe vésical dont il souffrait. Invité par la limpidité et la fraîcheur des eaux, il se laissa aller à en boire instinctivement. Il en faisait usage chaque jour, si bien qu'il en éprouva un soulagement marqué, puis ensuite vit disparaître ses infirmités. Il attribua à l'influence de ces eaux oubliées sa guérison, et par reconnaissance, chaque année, il allait faire au même lieu une cure de vingt jours, dont il se trouvait toujours bien. Il fit ainsi pendant seize ans, sans toutefois rien communiquer à personne. Il venait de faire sa seizième cure, lorsque, cette année, la réputation de ces sources fut portée rapidement à un haut degré de popularité. Il a raconté dès lors à qui a voulu l'entendre ses observations personnelles avec l'accent de la vérité la moins suspecte.

» Plusieurs guérisons de catarrhes chroniques des bronches et de la vessie ont eu lieu d'après un usage méthodique de ces eaux, mais comme la plupart ont échappé à la direction médicale, elles demandent encore à être régulièrement accréditées.

» Il est de règle qu'il faut semer des charmes auprès des eaux qu'on doit fréquenter. Quand la nature est ingrate, l'art doit y suppléer ; mais Thonon n'a rien à envier, sous le rapport des avantages du site, à aucune station hydro-minérale.

» Le vallon des sources est sans splendeur naturelle. C'est une solitude d'une étendue de deux cents pas, ombragée ici et là, vrai séjour de nymphe cachée, un de ces bouts du monde aimés de la poésie tranquille.

Une assez belle route qui traverse le vallon permet l'accès immédiat des sources. En s'élevant de quelques pas, la vue commence à gagner, puis dégagée de tous côtés, porte successivement vers le lac Léman, le canton de Vaud, le Jura, la campagne de Thonon, la colline des Allinges, et les montagnes qui bordent au midi le Bas-Chablais. En s'élevant jusqu'à la colline des Allinges, sur les ruines d'un castel féodal, on a les délices d'une vue pleine de beautés.

» On a dit que c'était le Bosphore, mais le Bosphore dans un espace embrassé, possédé par l'œil. De là, la vue s'étend avec ampleur dans le magnifique bassin du Léman. La belle nappe bleue du lac, enchassée dans les plus riantes campagnes du monde, fait le fond d'une immense corbeille de verdure, dont le Jura, l'Hermonne et les Voirons forment les anses gracieuses.

» Le Chablais, avec ses superbes châtaigniers, ses hameaux rustiques, ses clochers et son Ripaille; le lac sillonné par les barques à voiles blanches et par des escouades de grèbes, le pays de Vaud avec ses milliers de villages, ses villas seigneuriales, le chemin de fer qui le traverse, et où se promène la vapeur comme un féerique météore, le mouvement, la vie partout, et au loin une ceinture de monts dont la croupe dentelée découpe en festons le ciel des Alpes, tout cela vu par un soleil de juillet, forme un tableau délicieux. Là, l'observateur trône au milieu des magnificences de la création.

» Pour ceux qui aiment les souvenirs, cette terre du Chablais et de Vaud porte encore les traces des luttes violentes de la féodalité, de l'envie des maîtres qui se partageaient le sol avec des droits établis, la dague au poing, par le compagnonnage de la force. La beauté de ce pays que baignent sur une si grande étendue les eaux du lac Léman, dût allumer souvent la concupiscence des seigneurs qui avaient, d'une rive à l'autre, toutes les facilités pour observer leurs voisins, compter leurs domaines, et tenter des parties d'incursions. Nul pays aussi gratifié par la nature ne fut peut-être plus maltraité par la tyrannie. Après la féodalité remuante, que la moindre éminence murée défendait, vinrent les guerres de religion au temps de la réforme.

» Le littérateur nourri de l'histoire voit encore fumer les incendies allumés par la torche des sectaires. L'ami des arts pleure la ruine de tant de chefs-d'œuvre d'architecture ogivale que le ciseau chrétien y avait multipliés comme les aiguilles de granit qui ornent les grandes Alpes. Aujourd'hui, ce n'est plus le pays de Vaud, mais un canton helvétique à qui il est resté, après les naufrages de l'unité religieuse, au moins la liberté, et ce qui est natif au sol, la plus belle vue des monts, un site enchanteur et le soleil.

» Si le Chablais a retenti du cri des faucons, des bruits de la meute, du son du cor, des pas précipités des chevaux, du cliquetis des armes, des hourras des chevaliers, on croit en entendre encore aujourd'hui l'écho lointain, sur cette terre accidentée, couverte de bois et de prairies. Avant d'être remuée par la bêche et la charrue, elle fut le rendez-vous des chasses féodales des Alpes savoisiennes. Il y a des villages qui tiennent leur nom de ces chasses fameuses : *Orsier* (*Ursus*), retraite de l'ours ; *Trossi* (*Trucido*), où on acculait la bête féroce pour l'abattre, et où on faisait des victimes ; *Cervens* (*Cervus*), demeure du cerf ;

Cursinge (*Cursus*), où il était lancé ; *Fessi* (*Fessus*), lieu de repos où se terminait la course ; *Armoy* (*Arma*), lieu où se déposaient les armes ; *Reyvroz* (*Retro*), lieu d'où on reveñait sur ses pas, limite de la chasse. Du haut du donjon des Allinges, on observait ces fêtes de la chevalerie. Elles durèrent longtemps, au grand regret des manants, à qui était réservé la peine de semer et de préparer les dîmes ; mais de ces réunions bruyantes engagées par l'attrait du plaisir naquirent des froissements, des rivalités, des haines violentes, des meurtres, des combats, des ruines : enfin bêtes fauves et seigneurs ont disparu. Les pâtres et les laboureurs, délivrés de leurs chagrins occasionnés par ces luttes de rivaux acharnés à s'entre-détruire, succédèrent dans ces vallons fertiles et y firent fleurir les arts de la paix.

» Le pays eut depuis des maîtres moins exigeants ; le droit public et la liberté gagnèrent au sein des populations chablaisiennes, parfaitement préparées à apprécier l'avantage de ces biens légués par les excès exhorbitants de la propriété féodale. Le Chablais devint ainsi un des meilleurs pays du monde. La vigueur de la végétation, la division de la propriété et l'industrie agricole y développèrent, non l'opulence qui amollit, mais cette médiocrité dorée inséparable des bonnes mœurs et des douceurs de la vie. Plus que partout ailleurs peut-être on y voit inaltérés le tableau des vertus du foyer domestique et le culte antique de l'hospitalité.

» Puis, saint François de Sales, l'apôtre de la piété aimable et du dévouement, a passé par là, et y a semé son esprit. »

Thonon peut être considéré comme le carrefour le

plus central entre la Savoie et la Suisse. C'est en quelque sorte le rond-point où viennent aboutir les plus
magnifiques vallées, les routes qui conduisent le
voyageur vers les sites les plus célèbres. C'est là qu'a-
vant peu se donneront rendez-vous, non pas seulement les malades qui viendront demander la santé
aux eaux de Thonon, mais aussi les savants, les na-
turalistes et les touristes qui, de tous les pays du
monde, accourront pour visiter ces majestueuses con-
trées, ces vallées sans rivales, ces chaînes de montagnes, ces lacs, ces glaciers, ces torrents que bien
des poètes ont chantés et qui ont désespéré tous les
poètes.

L'établissement projeté fera de Thonon une des
villes d'eaux minérales les plus fréquentées et les
plus agréables : car les qualités exceptionnelles et
l'abondance des sources qui l'alimentent (1), la situation topographique de la ville elle-même, l'ont
destinée à devenir une des plus délicieuses résidences
parmi celles qui bordent le lac Léman.

La proximité des deux villes d'Évian et de Thonon,
loin de nuire à leur prospérité mutuelle, contribuera
puissamment, au contraire, à multiplier les attrac-
tions, les plaisirs, les moyens de guérison et le nombre des visiteurs. La foule appelle la foule. Ne sait-
on pas que Baden-Baden, Ems, Nauheim, Wiesbaden,
Spa, etc., ne doivent leur brillante fortune qu'à leurs
sources rapprochées les unes des autres. Enfin, sous
quel coin de terre plus circonscrit, plus favorisé du
ciel, trouverait-on réunies des sources plus variées,
plus salutaires et plus dignes de l'attention des méde-

(1) Ces eaux forment une petite rivière qui fait mouvoir des
moulins.

cins : eaux ferrugineuses à différents degrés, d'Amphion, de Marclaz, de la Forclaz; eaux alcalines d'Évian, eaux alcalines et benzoïques de Thonon.

Déjà la sollicitude de l'Empereur a été éveillée. La création d'un port à Thonon et de routes nouvelles à travers les vallées les plus pittoresques et les plus ignorées, l'amélioration du cours de la rivière torrentueuse, la Dranse, ont été ordonnées, ainsi que nous l'avons dit plus haut, par un décret impérial, inséré au *Moniteur* du 23 août 1860. Les grandes voies nouvelles ouvertes par terre et par eau aux productions agricoles et industrielles du Chablais et au transit de l'Allemagne, de la France et de l'Italie, vont concourir, avec le chemin de fer du Simplon qui est en exécution, à faire de Thonon un centre considérable et une ville importante qui grandira en peu d'années. Lorsque l'établissement qui va être construit et qui sera, nous l'espérons, placé sous le patronage de LL. MM., aura attiré à Thonon les touristes français et étrangers, cette charmante cité n'aura rien à envier aux villes d'eaux les plus renommées.

Nous allons maintenant laisser la parole aux documents officiels des chimistes et aux faits de guérisons opérées par la vertu des eaux minérales de Thonon.

PIÈCES JUSTIFICATIVES [1]

A

ANALYSE de la source proposée par l'administration municipale comme provision d'eau potable pour les fontaines publiques, faite par M. Calloud, chimiste, membre de l'Académie, à Chambéry.

Deux bouteilles. Poids : 1850 grammes.

A. — Eau limpide ; par l'agitation de l'eau, au fond du verre, s'élèvent des flocons *bruns-rougeâtres* de matière organique, insoluble dans l'eau bouillante et dans l'acide acétique.

B. — L'eau, versée dans un verre à pied, laisse échapper de légères bulles de gaz non inflammables; la plupart restent fixées sur les parois du verre. La majeure partie de ces gaz est formée par l'acide carbonique.

C. — L'odeur de l'eau est nulle, sa saveur inappréciable ; elle est bonne à boire.

D. — Soumise à l'ébullition dans un matras de verre, elle devient opaline, se trouble légèrement et dépose une poudre *blanc-grisâtre*, formée de carbonates à bases terreuses (chaux et magnésie).

E. — Soumise à l'ébullition dans un matras de verre avec de la potasse caustique pure, elle se trouble immédiatement et donne un dépôt *blanc-grisâtre*, floconneux, volumineux. L'eau prend ensuite une teinte brunâtre.

(1) Tous ces documents sont déposés à la mairie de Thonon.

F. — Pendant l'ébullition, du papier de tournesol rougi, puis lavé à l'eau distillée, a été maintenu exposé à la vapeur qui se dégageait du matras ; il n'a pas changé.

G. — L'eau essayée à l'état naturel et bouillie, présente, dans les deux cas, une réaction alcaline.

H. — L'ammoniaque pure, ajoutée à l'eau à l'état naturel, n'a donné lieu à aucun trouble immédiat, ni à aucune coloration indiquant la présence de sels métalliques. L'eau a seulement pris une teinte légèrement ambrée, puis a laissé déposer un précipité blanc floconneux.

I. — L'eau, légèrement acidulée par l'acide acétique, soumise à l'ébullition dans un matras de verre et concentrée, a été traitée par le ferro-cyanure de potassium et par le sulfo-cyanure de potassium et n'a donné aucun précipité ni aucune coloration.

J. — Une portion de l'eau I a été traitée par le phosphate-sodique ammoniacal ; il s'y est formé un trouble opalin, puis, un léger précipité blanc qui, lavé, puis soumis à la calcination sur une cuiller de platine, a laissé dégager de l'ammoniaque. Il est resté sur la cuiller une couche blanche de phosphate de magnésie.

K. — 250 grammes d'eau, soumise à l'analyse, ont été évaporés dans une étuve chauffée à 60-70° centigrades, dans une capsule en porcelaine jusqu'à siccité. Ils ont produit 125 milligr. de résidu couleur *brun-terne* à odeur sensiblement *benzoïnée* et *térébenthinée*. La capsule desséchée et retirée de l'étuve, encore chaude, avait une odeur balsamique mixte de *benjoin* et de *térébenthine*.

L. — Le résidu *brun-terne* K, traité par l'éther bouillant, n'a pas donné de dissolution sensible. L'alcool bouillant, au contraire, a donné une dissolution ambrée qui a laissé par l'évaporation un vernis *gris-jaunâtre* à odeur *benzoïnée*.

M. — Après avoir gratté la capsule pour retirer le plus possible du résidu adhérent (K), je l'ai lavée avec quelques gouttes d'eau distillée pour dissoudre ce qui restait du ré-

sidu adhérent; cette solution avait une réaction *alcaline* caractéristique, ramenait promptement au bleu le papier de
tournesol rouge.

N. — Le résidu *brun terne* (exp. K), après avoir été traité
par l'alcool bouillant, a été d'sséché puis calciné sur une
cuiller de platine rougie à la flamme d'une lampe à alcool.
Il s'est *carbonisé* puis a laissé une cendre *blanc-grisâtre* qui
s'est dissoute avec effervescence par quelques gouttes d'a-
cide acétique.

La partie de l'eau réservée a été divisée en huit lots pour
être soumise aux réactifs propres à indiquer exclusivement la minéralisation dominante de l'eau, tels que l'oxalate
d'ammoniaque, le nitrate de baryte, le nitrate d'argent, l'a-
cétate tri-plombique, et le protosulfate de fer.

N° 1. — L'oxalate d'ammoniaque a produit : trouble caractérisé et précipité *blanc-grisâtre* qui s'est dissous dans
l'acide acétique.

N° 2. — Le nitrate de baryte, trouble opalin, puis dépôt
très léger *blanc-grisâtre*, insoluble dans l'acide nitrique.

N° 3. — Le nitrate d'argent trouble intense *et précipité
blanc-grisâtre*, soluble *dans l'ammoniaque et l'acide nitrique*. Les solutions ont pris une teinte *brunâtre*. La solution
ammoniacale s'est troublée ensuite.

N° 4. — L'acétate tri-plombique, trouble *blanc de lait*,
quelques gouttes d'acide nitrique ont presque complétement
dissous le précipité.

Quatre lots d'eau à l'état d'eau bouillie avaient été ré-
servés pour être soumis à des réactions propres à confirmer
la nature des sels terreux et la présence des carbonates alcalins dans l'eau.

Pour isoler les bi-carbonates terreux, l'eau a été soumise à l'ébullition qui a fait précipiter à l'état insoluble le
carbonate de chaux et de magnésie, puis filtrée à travers un
filtre de papier lavé. Cette eau bouillie a été traitée par les
réactifs suivants :

N° 5. — L'oxalate d'ammoniaque a produit : trouble léger, puis dépôt faible insoluble dans l'acide acétique.

N° 6. — Le nitrate de baryte, trouble caractérisé, puis dépôt presque entièrement soluble dans l'acide nitrique dilué.

N° 7. — Le nitrate d'argent, trouble caractérisé, puis *dépôt blanc grisâtre* soluble entièrement dans l'ammoniaque et l'acide nitrique. Les solutions se sont comportées comme dans l'expérience n° 3.

N° 8. — Le protosulfate de fer, trouble immédiat, *blanc verdâtre*, puis dépôt *vert* et *ocracé* soluble avec effervescence légère dans l'acide sulfurique dilué.

La recherche de l'iode, de l'alumine, de la silice et des phosphates a été dirigée sur les produits de l'expérience E; elle n'a donné que des résultats douteux pour l'iode, l'alumine et les phosphates, mais a révélé la présence de la silice.

INTERPRÉTATIONS ET OBSERVATIONS.

A. — Indique que l'eau produit spontanément, ou charrie de la matière organique altérée, à l'état insoluble.

B. — Que l'eau contient des gaz aériens et notamment du gaz acide carbonique.

C. — Qu'elle a les caractères physiques d'une bonne eau potable.

D. — Qu'elle contient en dissolution des carbonates à bases terreuses, à l'état de bi-carbonates.

E et F. — Confirment qu'elle contient des sels à bases terreuses ; indiquent par la coloration brunâtre de l'eau la présence d'une matière organique en dissolution, et que l'eau ne contient pas *traces* d'alcali volatil (ammoniaque).

G. — Que l'eau est alcaline et que son alcalinité n'est pas seulement due aux bi-carbonates terreux (chaux et magnésie), mais aux carbonates alcalins (soude et potasse).

H. — Que l'eau ne contient pas de sels métalliques, et confirme qu'elle contient de la matière organique sensible aux alcalis caustiques.

I. — Confirme qu'elle est dépourvue de sels à bases métalliques.

J. — Qu'elle contient de la magnésie.

K et L. — Donnent une évaluation de la somme des matériaux qui minéralisent l'eau (environ 0,500 milligrammes par 1,000 grammes), et signalent une matière organique de nature résineuse.

M. — Confirme la nature alcaline de l'eau.

N. — Confirme la présence de la matière organique et que les sels contenus dans l'eau sont en majeure partie à l'état de carbonates.

D'autre part, les réactions qualitatives prouvent directement que l'eau contient presque exclusivement des sels bi-carbonatés, très-peu de sulfates, ne contient pas ou des traces seulement de chlorures ; que parmi les sels bi-carbonatés se trouvent des carbonates alcalins (soude et potasse) qui ont réagi presque seuls sur le nitrate de baryte, le nitrate d'argent, le proto-sulfate de fer (exp. n⁰ˢ 6, 7 et 8).

La réaction la plus remarquable est celle observée avec le nitrate d'argent (exp. n⁰ˢ 3 et 7). Elle accuse une minéralisation digne d'études. L'intensité de cette réaction est liée, d'une part à la présence des carbonates alcalins, et de l'autre à celle de la matière résineuse qui paraît y être combinée. Très-probablement une partie des carbonates alcalins forme, dans l'eau, une combinaison avec la matière organique résineuse, et partant un sel alcalin à acide résineux, benzoate, succinate, abiétate. Cette interprétation est motivée par la netteté du précipité argentique qui n'a point offert de caractères de réduction, ce qui aurait eu lieu si la matière organique de l'eau n'y était qu'à l'état indifférent de mélange. La proportion notable de matière organique contenue dans l'eau ternit les précipités blancs formés par les réactifs et colore même l'eau sous l'influence des alcalis caustiques.

Ces faits réunis donnent un intérêt particulier à cette eau , et la rendent digne d'une utilisation médicale, bien que les proportions des sels minéralisateurs n'excèdent pas celles ordinaires aux eaux potables. Mais l'alcalinité beaucoup plus prononcée dans cette eau que dans les meilleures eaux potables, la proportion et la nature résineuse balsamique de sa matière organique, présentent une condition minéralisatrice estimée en médecine, surtout dans le traitement des maladies des voies urinaires, la font sortir de la classe des eaux potables et la rendent susceptible d'être utilisée à titre thérapeutique.

Cette eau, par sa minéralisation alcaline terreuse bi-carbonatée évaluée à environ 0,500 milligrammes par 1,000 grammes, et par la proportion notable des principes résineux qui y sont combinés aux alcalins sodico-potassiques, se classe parmi les eaux *alcalines, légères, savonneuses.*

Chambéry, 25 juin 1859.

Signé : Ch. Calloud.

B

ANALYSE CHIMIQUE de l'eau des trois sources découvertes près de la ville de Thonon, province du Chablais (Savoie), faite par M. Ossian Henry père, membre de l'Académie impériale de Médecine et chef de ses travaux chimiques, etc. (Août 1859.)

Le syndicat de la ville de Thonon, en Savoie, m'a fait inviter à soumettre à l'analyse l'eau dite de la *Versoye,* fournie par trois sources qui existent à peu de distance de cette petite ville. Le but que l'on s'est proposé a été de reconnaître si cette eau peut être employée avec avantage *com-*

me eau *potable et économique*, et même si elle pourrait, à l'instar de l'eau voisine d'Evian, servir dans la pratique médicale comme eau *réellement minérale.*

Pour exécuter le travail demandé, on m'a envoyé à Paris, dans mon laboratoire privé, un nombre assez considérable d'échantillons d'eau des trois sources sus-mentionnées. Les échantillons, arrivés en parfait état de conservation, avaient été tout récemment puisés, avec les soins les plus minutieux, par un temps favorable, et ils étaient accompagnés de certificats faisant foi, ainsi que de notices et de documents ayant rapport à l'eau de Thonon qui nous occupe.

Les trois sources sont peu éloignées entre elles, et l'eau qu'elles donnent offre, comme on le verra tout à l'heure, la plus grande analogie. On a désigné les sources par des numéros : le n° 1 correspond aux bouteilles à *cachet jaune,* le n° 2 au *cachet vert,* et le n° 3 au *cachet rouge.*

La première, n° 1, est la plus rapprochée de la route ; elle est entourée de chênes et de grands arbres appelés vulgairement *vernes;*

La seconde, n° 2, existe à 40 mètres environ de celle-ci, et sourd au milieu de buissons de petits osiers ;

Enfin, *la troisième,* n° 3, constitue le grand ruisseau qui passe sous le pont, et paraît formée par la réunion des deux précédentes.

EXAMEN CHIMIQUE ET PHYSIQUE.

La température de l'eau des trois sources prise sur place a été, m'a-t-on annoncé, de 15° C. pour la première, et de 14° C. pour la seconde. Ce sont donc des eaux froides.

Le débit, mesuré seulement pour la première, a fourni environ 115,000 litres par vingt-quatre heures. Quant à la troisième source, c'est à proprement parler une petite rivière.

On n'a remarqué, aux griphons des sources, aucune bulle

de gaz ni aucune odeur particulière désagréable ; il arrive seulement que l'eau exposée à l'air laisse dégager peu à peu quelques bulles qui s'attachent aux parois des vases, tandis que le liquide devient alors un peu nébuleux ou opalin.

Comme on l'a déjà dit tout à l'heure, l'eau des trois sources paraît presque identique quant à la composition chimique ; elle offre, en effet, les mêmes caractères ; ainsi :

1º On signale dans toutes une *limpidité* parfaite, ce qui avait lieu pour les échantillons expédiés à Paris.

La *saveur*, à peu près nulle, est la même aussi, et aucune *odeur* n'y est manifeste ;

2º Quand on plonge dans l'eau intacte un papier de tournesol *rougi* préalablement, il reprend peu à peu sa couleur *bleue* primitive ; la teinture de sirop de violette, celle de mauve, deviennent très sensiblement *vertes* ; l'eau des trois sources est donc notablement *alcaline*. Quand on l'a concentrée, l'effet est beaucoup plus sensible sur les réactifs cités ;

3º On reconnaît par les réactifs appropriés, dans l'eau intacte ou dans des produits de concentration, la présence de la *chaux*, de la *magnésie*, de la *soude* et de la *potasse* ;

4º Il y a absence presque complète de *chlorures* ;

5º Peu de *sulfates* ;

6º Mais on y décèle très aisément de l'acide *carbonique libre*, des *bi-carbonates* terreux et alcalins, de la *silice* ou des *silicates*, avec des *phosphates*, des indices *de fer* et de *manganèse*, puis de la matière *organique* de nature azotée et un peu résineuse ;

7º On n'y trouve aucun *sel ammoniacal*, et, par des essais faits à part et exprès, aucunes traces sensibles d'*arsenic*, d'*iodures* et d'*azotates* ;.

8º En faisant bouillir l'eau des trois sources de Thonon, on voit le liquide se troubler et laisser séparer un dépôt d'un blanc sale où la présence de *carbonates terreux*, de *silicates*, de *phosphates*, de *sesquioxyde de fer* et de matière *organique jaunâtre*, sont très manifestes.

Un litre de chaque échantillon des sources a laissé pour résidu *fixe sec*, savoir :

Première source.	Seconde source.	Troisième source.
0,38 grammes.	0,39 grammes.	0,41 grammes.

Sans entrer dans le détail minutieux des procédés mis en usage pour analyser définitivement l'eau des trois sources en question, je me bornerai à citer un peu sommairement les principaux.

PREMIER PROCÉDÉ.

L'eau soumise à l'ébullition dans un ballon disposé convenablement a fourni, à côté de quelques faibles proportions d'acide carbonique, une quantité minime aussi d'air atmosphérique.

DEUXIÈME PROCÉDÉ.

Pour apprécier l'acide carbonique libre, j'ai suivi le procédé donné tout récemment par M. Gaultier de Claubry (1), et qui consiste à faire passer dans un volume de trois litres ou plus d'eau un courant soutenu d'air, *épuré préalablement de gaz carbonique;* puis, recevant le gaz obtenu à l'aide d'un aspirateur dans une solution de chlorure de barium et d'ammoniaque. Je n'ai eu que des proportions très minimes de gaz carbonique libre.

TROISIÈME PROCÉDÉ.

J'ai pris plusieurs kilogrammes de l'eau de chaque échantillon, et, après y avoir ajouté un léger excès d'acide acétique pur, j'ai concentré presque à siccité, assez complétement neutralisé, évaporé tout à fait et repris par l'alcool à 25° bouillant, puis filtré chaud. Il s'est séparé une partie *insoluble* A A, et une autre *soluble* B C.

(1) Bulletin des travaux de l'Académie impériale de médecine (juillet 1859).

La partie alcoolique soluble, concentrée avec soin. évaporée tout à fait, a été calcinée très fortement dans le but de changer les *acétates alcalins et terreux en carbonates* (1).

Au moyen de l'eau distillée, on a isolé les *carbonates de soude et de potasse*, qui ont été appréciés à part avec le bichlorate de soude et le chlorure de platine. Ce qui était resté indissous constituait les carbonates de *chaux* et de *magnésie*. On en a fait le départ à l'aide de l'acide chlorydrique et d'une très forte calcination (2). La *magnésie* obtenue représentait le *carbonate magnésien*, et le *chlorure calcique* le *carbonate de chaux*.

QUATRIÈME PROCÉDÉ.

Le résidu A B était composé de *silice*, *d'alumine*, de *sulfates de chaux* et de *soude*, de *phosphates terreux*, de *sesquioxyde de fer*, avec traces de *manganèse* et *matière organique colorant* les produits en jauné, et plus abondante dans les échantillons de la troisième source, nᵒ 3. Cette matière organique, obtenue à part dans une certaine quantité de résidu, ne m'a fourni aucune *odeur aromatique benzoïque*. Par la calcination, elle a donné des produits ammoniacaux, et, traitée par la potasse, elle a été en grande partie dissoute, puis précipitable en flocons bruns solubles dans l'alcool et un peu *résineux*, avec un acide ajouté convenablement. Elle s'est surtout comportée comme les produits de *l'humus* qu'on rencontre dans les eaux, et je crois que son origine est là effectivement (3).

(1) *De l'analyse pratique des eaux minérales*, par MM. O. Henry père et fils (pag. 405).

(2) *De l'analyse pratique des eaux minérales*, par MM. O. Henry père et fils (page 364).

(3) Je ne suppose pas qu'au point de vue médical cette matière puisse offrir un intérêt sérieux ; elle existe d'ailleurs en très minime proportion.

CINQUIÈME PROCÉDÉ.

J'ai cherché *sans succès* l'existence, manifeste du moins, de l'*iode*, de l'*arsenic*, d'*azotates* et de *sels ammoniacaux*, dans l'eau dont nous nous occupons ici.

En groupant, d'après la théorie et l'expérience, les résultats que nous a fournis l'analyse de l'eau des trois sources de la ville de Thonon, je crois pouvoir établir ainsi qu'il suit la composition chimique de cette eau.

Les résultats ont été rapportés par le calcul à un litre ou 1,000 grammes de liquide.

EAUX DE LA VILLE DE THONON (Savoie).

PRINCIPES MINÉRALISATEURS PAR LITRE.	SOURCE N° 1	SOURCE N° 2	SOURCE N° 3
	grammes.	grammes.	grammes.
Acide carbonique libre............	0.030	0.032	0.032
Air	indéter.	indéter.	indéter.
Bi-carbonate de chaux............	0.280	0.302	0.296
— de magnésie..........	0.092	0.101	0.020
— de soude	0.028	0.030	0.030
— de potasse..........	sensible	sensible	sensible
Chlorure alcalin	0.010	0.010	0.010
Sulfates de soude et de chaux.....	0.020	0.017	0.022
Phosphate terreux................	0.017	0.016	0.016
Silice et alumine .... Sesquioxide de fer avec traces de manganèse, matière organique de l *humus un peu résineuse non balsamique*	0.052	0.045	0.054
	—	—	pl. abon.
Totaux.....	0.529	0.553	0.580
(X) Pas d'iodures ni d'arsenic.	—	—	—
1,000 grammes de liquide évaporés avec soin laissent résidu........	0.38 (1)	0.39 (1)	0.41 (1)

A l'inspection de ce tableau, il est facile de reconnaître que l'eau fournie par les trois sources en question est presque

(1) Auxquels il faut ajouter l'*acide carbonique* libre et celui constituant les *bi-carbonates primitifs*.

identique. Elle appartient aux eaux *bi-carbonatées calcaires un peu alcalines*, et ne présente parmi ses éléments minéralisateurs aucune substance nuisible à la santé.

Considérée *au point de vue hygiénique*, l'eau analysée offre les meilleures conditions comme eau propre à la digestion et au travail de l'ossification chez les enfants ou les sujets débiles.

Si maintenant on veut l'envisager sous le *point de vue de la thérapeutique* et *comme agent médical*, sera-t-il possible d'établir quelques considérations à l'appui? Nous les prendrons principalement dans sa comparaison avec l'eau voisine d'Evian, dont la nature chimique est la même, et la composition chimique aussi très analogue, à la proportion près des éléments minéralisateurs, *inferieurs dans celle-ci*. L'eau d'Evian est employée avec avantage comme eau minérale médicinale dans un assez grand nombre de maladies, et surtout dans quelques affections des voies urinaires. Une étude consciencieuse, suivie pendant plusieurs années, a démontré ces faits (1). Or, en raison de l'analogie de composition chimique, n'y a-t-il pas lieu d'affirmer que l'eau de Thonon, dont on a déjà, dit-on, enregistré plusieurs bons effets, doit présenter aussi avec celle d'Evian une analogie de propriétés médicales. Il est important que des applications de cette eau soient faites et étudiées avec attention avant de se prononcer définitivement ; mais tout fait prévoir que les résultats confirmeront ce que nous ne pouvons encore que présumer.

Dans cette supposition, les eaux de Thonon pourront être employées en bains et en boisson. Pour les bains, il faudra avoir la précaution de n'élever l'eau qu'à 40 ou 45 degrés centigrades au plus, afin de ne pas séparer une partie des substances qui s'y trouvent en dissolution.

On pourra facilement aussi amener l'eau des sources à

(1) *Notice sur les eaux d'Evian*, par M. Germain Rieux. — *Essai sur les eaux d'Evian*, par M. Dupraz.

une distance de deux kilomètres, par exemple à l'aide de conduits appropriés, l'eau de Thonon ne renfermant que des traces de principes volatils. Les tuyaux en terre cuite, et mieux en plomb, conviendraient parfaitement pour cet usage ; seulement, il faudra qu'ils aient un assez *petit diamètre* afin que le liquide les remplisse toujours entièrement. Par cette disposition, l'eau ne sera pas agitée ou battue, et les bi-carbonates terreux s'y maintiendront tels sans passer à l'état de carbonates neutres insolubles, qui donneraient lieu à des dépôts, et, plus tard, à des inscrustations plus ou moins considérables. Il existe aujourd'hui plusieurs eaux assez fortement gazeuzes auxquelles on fait parcourir, dans des tuyaux appropriés, des trajets assez étendus sans qu'il se produise aucune altération dans les liquides. L'eau de Thonon, qui fait le sujet de ce travail, se prêtera en conséquence tout à fait aux résultats qu'on désire obtenir (1).

Paris, le 25 août 1859.

Signé : O. Henry père,
membre de l'Académie impériale de Médecine, etc.

P. S. Nous devons ajouter que M. Ch. Calloud, chimiste, membre de l'Académie de Chambéry, ayant opéré près des sources de Thonon, a pu y découvrir la présence d'une substance résineuse balsamique particulière, qu'il a étudiée avec soin, l'ayant isolée en proportion assez notable. C'est à cette combinaison remarquable que M. Calloud attribue plus spécialement la vertu curative de ces eaux dans les affections calculeuses, dans les maladies des voies urinaires et dans les obstructions viscérales.

(1) Nous nous bornerons à mentionner ici les dépôts et conserves recueillis aux sources de Thonon. Ils n'ont présenté à l'analyse rien d'intéressant ; ainsi on y a reconnu des détritus de végétaux, des matières argileuses calcaires et ferrugineuses accompagnées de plantes confervoïdes que l'on trouve dans la plupart des eaux ordinaires.

C

RAPPORT de M. Calloud.

Chambéry, 28 décembre 1859.

A MONSIEUR LE SYNDIC (MAIRE) DE LA VILLE DE THONON.

« J'ai l'honneur de vous adresser un duplicata du Mémoire que j'ai préparé sur les eaux de la Versoye et que vous avez désiré. Je crois n'avoir rien négligé, soit dans mes expériences, soit dans mes recherches, pour faire ressortir le mérite de ces eaux qu'on ne connaît bien qu'en les étudiant, et qu'en les interrogeant à l'aide de la chimie. La découverte des faits qui touchent ces eaux constitue, à mon sens, un progrès pour l'hydrologie minérale ; elles tiennent évidemment dans leurs éléments minéralisateurs, un principe conservateur et ce principe est la résine *benzoïque*. J'exhibe, comme chose curieuse, une bouteille de ces eaux, en vidange, soit à moitié remplie, dès le mois de juillet dernier, et *mal bouchée*, qui n'a rien perdu de sa limpidité et de sa saveur et où il ne s'est pas produit le moindre dépôt. Ce fait de conservation n'est pas observé dans les eaux potables ordinaires de nos vallées.

» Agréez, monsieur le syndic, l'expression de mon entière considération.

» *Signé :* C. CALLOUD. »

D

MÉMOIRE sur les eaux de la Versoye (Thonon).

La municipalité de Thonon m'a transmis un duplicatum des rapports qui lui ont été envoyés, l'un par M. J. Dumont, de Bonneville, l'autre, par M. O. Henry, de Paris, sur l'ana-

lyse des eaux qu'elle a le projet d'utiliser et au sujet des-
quelles j'avais appelé son attention par l'indication d'une
minéralisation alcaline, calcique, magnésienne, bi-carbonatée, supérieure à celle trouvée dans l'eau d'Évian, et d'un
principe résineux benzoïque. Le travail de M. Dumont, à
part quelque légère différence sur la composition minérale
de ces eaux, dans l'interprétation des combinaisons salines,
à l'état naturel, s'est rangé à l'appréciation que j'en avais
faite, savoir que ces eaux sont spécialement calciques, magnésiennes et alcalines, bi-carbonatées. Au sujet dé leur
intéressante matière organique et du principe benzoïque,
ce chimiste a remarqué une substance différente des acides
sourcique et oxy-sourcique (acides crénique et apocréni-
que), de nature gommeuse, jouant le rôle d'acide et présen-
tant quelque analogie avec les acides succinique et benzoïque. Il n'a pas observé d'odeur balsamique dans ce produit et il le considère comme étant de nature indéterminée
et comme devant expliquer, toutefois, l'efficacité particulière reconnue dans l'usage de ces eaux. Le travail de M. O.
Henry, estimable à tous égards comme tous ceux que ce savant a produits avec sa science et son habileté éprouvées, a
apprécié la minéralisation basique de ces eaux bi-carbonatées, au même degré que moi. Il a reconnu dans leur matière organique une substance *un peu résineuse mais non
balsamique.* Il n'a pu observer dans le traitement auquel il
a soumis les eaux aucune odeur attribuable à l'existence
d'un principe résineux benzoïque. Nous ne différons que sur
le point de l'existence de ce principe benzoïque que j'ad-
mets et qu'il n'a pas rencontré.

Très-vraisemblablement, la différence ne résulte que du
mode d'opérer ; mais je suis bien persuadé que nous se-
rons bientôt d'accord sur ce point. En effet, si j'ai bien
compris l'exposé de son rapport, ce savant a dirigé ses recherches relatives à la matière organique dans le produit
de l'évaporation de l'eau acidulée préalablement par l'acide
acétique, excellent procédé pour ne pas perdre un atôme

des sels alcalins carbonatés, en évitant toute chance d'é-
change, mais infidèle pour déceler le principe benzoïque
indiqué qui, naturellement, y existe à l'état de combinaison avec les alcalis. Une fois séparé de cette combinaison
par l'acide acétique, il s'est dissipé pendant l'évaporation
avec les vapeurs d'eau et d'acide acétique excédant.

Voici comment j'ai procédé : J'ai fait évaporer l'eau, à
l'état naturel, dans des capsules ou vases de porcelaine recouverts d'une calotte de papier à filtrer, à l'étuve, où la
température était de 60 à 80° jusqu'à dessication, mais non
jusqu'à siccité complète, tantôt jusqu'à simple réduction
au plus petit volume du liquide. Dans le premier cas, je
traitai le résidu avec un peu d'eau distillée qui prit une
teinte ambrée semblable à celle qu'avait le liquide évaporé
jusqu'à simple réduction. L'*odeur balsamique* s'est fait
apercevoir sensiblement, en chauffant légèrement ces liquides, mais très sensiblement par la dégustation.

1° J'ai traité ensuite les liquides par l'azotate d'argent,
puis ajouté très peu d'acide azotique qui a redissous le précipité carbonaté, mais en laissant un nuage d'où s'est formé
un très léger précipité ensuite. Il s'est développé par ce
dernier traitement une *odeur bénzoïque bien caractérisée.*

2° Une partie du liquide a été traitée par le sulfate de
bi-oxyde de cuivre, il s'est formé un précipité blanc verdâtre très léger. Cette réaction a produit un parfum très
sensible, et stable pendant plusieurs jours, de *benjoin* et de
vanille (1).

Ces résultats ont été immédiats avec le produit de l'eau
évaporée complétement et redissous dans une petite quantité d'eau distillée. Quant au liquide simplement réduit à
un faible volume, le sulfate de cuivre y a préalablement ma-
nifesté une odeur très-sensible de *marée*, puis, un jour

(1) Le précipité, trop minime, n'a pu être étudié autrement que
dans ses rapports organoleptiques. Calciné sur une cuiller de platine, il a présenté les caractères des substances organiques par la
calcination, c'est-à-dire qu'il a laissé une couche noire de charbon.

après, cette odeur avait disparu pour ne garder que celle analogue au benjoin et à la vanille.

Ces expériences ont été faites d'abord chez moi, à Chambéry, puis sur les lieux mêmes, en présence du corps médical et de plusieurs membres de la municipalité de Thonon. A Thonon, j'ai fait évaporer une assez grande quantité d'eau dans de grands vases de terre neufs, recouverts d'une calotte de papier à filtrer et placés dans un four deux heures après la retraite des pains et chauffé exprès ; la température y était de 90°. Les résultats mentionnés ci-dessus ont été des plus marqués.

J'ai fait d'autres remarques assez importantes sur ces eaux.

A l'état naturel, à la source, je leur ai reconnu une légère odeur de *marée* que quelques gouttes d'une solution concentrée de nitrate neutre d'argent, pour un verre d'eau, développe d'une manière très sensible. Ce fait est à peu près général dans les eaux de ce district.

J'ai trouvé dans le lit des sources, dont nous avons été occupés, des pierres (quartz, silex, amphibole, calcaire, granit, etc.) recouvertes de taches plus ou moins larges, couleur *lie de vin*. Les pierres quartzeuses sont les mieux teintes en rouge. Ces taches sont formées par un vernis de matière animale à odeur très forte d'huîtres marines (1). J'ai détaché ce vernis à l'aide d'un grattoir. Traité par l'eau distillée froide, il la colore en *rose*. Le liquide filtré a une couleur *rose* vu par réfraction, et *jaune carotte* vu par réflexion. Chauffé même légèrement, il se décolore complètement, mais garde l'odeur de marée.

- Le même vernis rouge, traité par l'alcool rectifié, prend, soit à froid, soit par la chaleur, une couleur *vert d'herbe* qui est fixe par la concentration du liquide, mais finit par se décolorer à l'état de dissolution alcoolique, après plusieurs jours d'exposition à la lumière diffuse.

(1) Cette matière est neutre aux papiers réactifs.

Ce vernis rouge, détaché des pierres, calciné sur une cuiller de platine, dégage l'odeur de la corne, puis brûle avec flamme et se charbonne. Evidemment, c'est la présence de cette matière qui donne à l'eau l'odeur de marée que j'ai indiquée (1).

Je n'ai rencontré ces singuliers cailloux teints que dans le lit de ces sources (eau de Thonon). J'ai fait une autre remarque curieuse sur cette eau. Par certain état atmosphérique où le vent domine, elle est dotée d'un excès d'acide carbonique qui enraye complètement la réaction du nitrate neutre d'argent sur elle. Par une exposition à l'air dans une assiette, l'acide carbonique excédant s'échappe et la réaction carbonatée est manifeste. Cette observation n'a pas été jusqu'ici faite, à ma connaissance. Je la crois importante : car elle rend compte de certains effets organoleptiques de cette eau qui a été éprouvée comme donnant une ivresse passagère, une légère irritation aux paupières, et comme étant tour à tour pesante et très passante pour les estomacs débiles. Sans doute ce fait n'est pas unique, il acquerra de l'importance par la généralisation que des observations sucessives légitimeront.

. . . .

. . . .

RÉSUMÉ.

Quelques soient ces interprétations, les eaux de Thonon, en dehors de leur minéralisation bi-carbonatée, alcaline, terreuse, possèdent, à l'état naturel, une légère odeur

(1) Cette singulière matière colorante, qui est tantôt rouge, tantôt verte, m'avait paru devoir être rapportée à la matière colorante de certains crustacés, écrevisses, crevettes, etc. Mais je n'ai pas obtenu avec cette dernière des résultats semblables. Je ne suis point encore parvenu à y trouver l'iode que je présume fortement y exister   C. C.

d'huître que le nitrate d'argent et le sulfate cuivrique développent d'une manière caractérisée.

Cette odeur est persistante jusque dans le produit de la concentration de l'eau, à un faible volume, par une chaleur au-dessous de 100 degrés.

Le lit des sources contient des cailloux de diverses roches teints en rouge par une matière animale. Cette matière animale adhère fortement aux surfaces des cailloux et y forme une teinture fixe.

Cette matière animale, détachée des pierres, a une forte odeur de marée.

Elle est soluble, en partie, dans l'eau distillée froide qu'elle colore en rose.

Cette dissolution a pareillement une odeur de marée qu'elle ne perd pas dans la concentration.

Cette dissolution est *rose*, vue par réfraction, et *jaune carotte* vue par réflexion, et ces teintes disparaissent par une faible chaleur.

Cette même matière animale rouge donne, dans l'alcool à 80° centésimaux, une dissolution d'un beau vert (*vert d'herbe*).

Cette couleur verte ne disparaît pas par la chaleur, et le produit de la concentration, desséché à une chaleur au dessus de 80°, reste vert et conserve l'odeur de marée.

Cette matière animale détachée des cailloux, chauffée fortement, dégage l'odeur de la corne torréfiée, brûle avec flamme et laisse un charbon.

Elle est neutre aux papiers réactifs.

Les eaux sont parfois dotées, sous l'influence de certains états atmosphériques, d'un excès d'acide carbonique qui enraie complétement l'action du nitrate neutre d'argent sur elles.

Evaporées dans une étuve chauffée à 70°-80°, dans des vases recouverts de feuilles de papier sans colle, soit jusqu'à concentration complète, soit jusqu'à concentration à un faible volume, elles ont une odeur et une saveur résineuses balsamiques sensibles dans les liquides chauds. Les produits de la concentration, filtrés et traités par le nitrate d'argent légèrement acide et par le sulfate de bi-oxyde de cuivre, dégagent l'odeur suave de l'acide benzoïque résineux d'une manière caractéristique.

Chambéry, 20 novembre 1859.

Signé : C. CALLOUD.

E

EXPÉRIENCES nouvelles sur la matière colorante des cailloux teints, recueillis dans les sources de Thonon.

AUTRE RAPPORT DE M. CALLOUD.

Voici les expériences auxquelles j'ai soumis le vernis rouge détaché des pierres trouvées dans les eaux :

A. — 0.25 de ce vernis rouge, délayés dans 10 grammes d'eau distillée froide, et broyés dans un mortier de verre, ont produit une dissolution *rose* qui donne deux teintes différentes, *rose* par réfraction, et *jaune carotte* par réflexion.

Elle est douée d'une forte odeur de marée, mais non fétide.

B. — En exposant la dissolution *rose*, même à une faible chaleur, elle ne tarde pas à se décolorer, mousse considérablement pendant l'ébullition, sans toutefois perdre sa transparence, et le produit de l'évaporation est *brun clair*.

C. — Ce produit, chauffé fortement, dégage l'odeur propre aux tissus animaux torréfiés, et laisse un charbon qui ne peut être incinéré.

D. — Cette matière animale, dissoute dans l'eau, est précipitée par l'alcool en *flocons blancs*, qui, réunis sur un filtre de papier, deviennent *brun clair* par la dessication.

Calcinée, elle a les mêmes caractères qu'en C.

E. — 0.25 du vernis rouge dés pierres, traités par l'alcool rectifié, ont donné. soit à froid, soit à l'aide de la chaleur, une dissolution *vert d'herbe.*

F. — La matière verte dissoute est séparée par l'eau en gouttelettes *vert foncé* qui se concrètent et brunissent par la dessication. Elle a une odeur de marée, mais moins forte que dans le produit soluble dans l'eau.

G. — Calcinée sur une cuiller de platine, elle brûle avec flammes, à la manière des résines, et laisse un charbon sans cendres.

H. — L'éther dissout, comme l'alcool, la matière verte du vernis rouge des pierres.

Ce vernis rouge est donc composé de deux substances, l'une exclusivement soluble dans l'eau, à couleur *rose* instable, l'autre exclusivement soluble dans l'alcool et l'éther, à couleur *verte* stable. Cette dernière se comporterait ainsi comme la chlorophylle (matière verte des végétaux), l'autre, comme les substances muqueuses animales.

Quelques cailloux teints des sources, ont été immergés, à froid, pendant huit jours, séparément

1° Dans l'eau distillée;

2° Dans l'alcool;

3° Dans l'éther;

4° Dans une solution de sulfate de cuivre.

L'eau distillée a pris une teinte opaline, mais sans coloration. Les trois premiers jours elle avait une odeur de marée très prononcée. Les jours suivants, cette odeur s'est affaiblie et est devenue plutôt agréable. La coloration rouge des cailloux n'a pas changé. Après huit jours d'immersion; le liquide avait une teinte opaline, une odeur douce, agréable, une réaction *alcaline.* Probablement cette alcalinité provenait d'un commencement de production ammoniacale, car après deux jours d'immersion, le liquide était neutre. Le liquide évaporé s'est comporté, du reste, comme celui des expériences B et C.

L'alcool et l'éther se sont colorés en *vert*, et ont donné des produits semblables à ceux des expériences E, F, G.

La couleur rouge des cailloux n'a pas changé.

La solution de sulfate de cuivre a pris, après deux jours, une odeur fétide d'huile de poisson rance.

Cette odeur a disparu en chauffant la solution.

Quelques cailloux teints ont été traités à chaud, dans une solution de potasse caustique. Ils ont perdu leur couleur rouge pour ne garder qu'une couleur verte. Le solution de potasse a pris une teinte *brunâtre* et une odeur forte de harengs secs. Elle moussait pendant l'ébullition, et le produit de l'évaporation, calciné, a donné un dégagement d'odeurs animales et d'ammoniaque.

La recherche de l'iode a été infructueuse.

Comme on le voit, le vernis rouge qui recouvre les cailloux teints, recueillis dans les sources de la Versoye (Thonon), n'est comparable ni à la glairine, ni aux végétations monadaires observées jusqu'ici dans les eaux.

Chambéry, 15 décembre 1859.

C. CALLOUD.

F

RAPPORT de M. Dumont, pharmacien-chimiste à Bonneville

(Analyse des eaux de la Versoye, près Thonon.)

1° Cette eau est limpide, sans odeur ni saveur.

2° Traitée par l'eau de chaux, elle donne un précipité blanc, soluble dans une plus grande quantité d'eau minérale. (Preuves de la présence de l'acide carbonique libre ou à l'état de bicarbonate.)

3° L'azotate argentique, ajouté à cette eau, préalablement acidulée par l'acide azotique, ne détermine aucun changement, même après plusieurs jours. (Preuves de l'absence de chlorures.)

4° Le chlorure barytique, précédé de quelques gouttes d'acide chlorhydrique, la trouble et donne bientôt naissance à un précipité blanc insoluble dans l'acide azotique pur. (Preuve de la présence des sulfates.)

5° L'oxalate ammonique, précédé de chlorure ammonique, la trouble en blanc, et le précipité qui en résulte est soluble dans l'acide azotique. (Preuves de l'existence de la chaux.)

6° L'eau qui surnageait le précipité précédent, traitée par l'ammoniaque et le phosphate de soude, donne après quelque temps un nouveau précipité blanc, cristallin. (Preuves de la magnésie.)

7° Évaporée à siccité, elle laisse un résidu gris fauve, qui, soumis à une chaleur rouge obscure, brunit, puis noircit, et enfin devient blanc grisâtre. (Preuves de l'existence de la matière organique.)

8° Cinq litres de cette eau, évaporée à siccité sans calcination, ont fourni un résidu pesant 1,80. J'ai traité ce résidu à plusieurs reprises par l'eau distillée qui en a dissous une partie, et en a laissé une autre insoluble pesant 1,10.

9° La partie dissoute, à l'expérience précédente, était sans action sur les papiers bleus et rouges de tournesol ; elle a été évaporée à siccité et a laissé un résidu pesant gr. 0,70, que j'ai soumis aux essais suivants :

A. — Une partie, introduite dans un petit flacon avec quelques gouttes d'acide sulfurique, n'a pas changé la couleur d'une couche de fécule crue placée sur un papier humide suspendu au bouchon du flacon. (Preuves de l'absence des iodures.)

B. — Une autre partie a été dissoute dans l'eau distillée et mélangée avec un peu de fécule cuite ; j'y ai ensuite ajouté goutte à goutte une solution très étendue d'hypochlorite sodique qui n'a pas déterminé de coloration bleue ;

J'ai ensuite agité ce mélange avec de l'éther sulfurique qui est revenu à la surface complétement incolore. (Preuves de l'absence des bromures et surtout des iodures dont cette expérience peut faire reconnaître 21 dix-milligrammes dissous dans cinq grammes d'eau.)

C. — Le cinquième environ du même résidu a été dissous dans l'eau et traité comme à l'expérience 3, pour en confirmer le résultat sur un liquide plus concentré et contenant, sous un volume de quelques grammes, les parties solubles d'un litre d'eau minérale. J'ai pu ainsi constater encore l'absence des chlorures.

D. — J'ai traité une autre partie du résidu, après l'avoir dissoute dans l'eau par l'acétate barytique pour en séparer l'acide sulfurique des sulfates, j'ai évaporé le liquide filtré, je l'ai calciné pour décomposer les acétates formés ainsi que l'excès de l'acétate barytique ; j'ai repris ce résidu par l'eau distillée, qui devait ainsi laisser la chaux, la magnésie et la baryte à l'état insoluble ; j'ai filtré cette dissolution, j'y ai ajouté un excès d'acide chlorhydrique, je l'ai évaporé et j'en ai calciné le résidu. J'ai redissous ce résidu dans de l'eau distillée après l'avoir pesé. J'y ai ajouté du chlorure platinique, j'ai fait évaporer avec précaution et j'ai ajouté de l'alcool qui a laissé sans le dissoudre du chlorure plati-nico-potassique qui, lavé et desséché, ne représentait pas par son poids toute la quantité du résidu précédemment pesé. (Preuves de la présence de la potasse et de la soude.)

E. — Le surplus du résidu sur lequel j'avais déjà fait toutes les expériences précédentes, a été essayé comme aux n°s 4, 5 et 6, pour voir si l'acide sulfurique, la chaux et la magnésie existent dans la partie soluble. Le résultat a été affirmatif et bien tranché, ce qui prouve que l'eau contient des sulfates de chaux et de magnésie.

F. — Dans tous les cas où un acide a été ajouté au résidu soluble ou à sa dissolution, il n'a pas produit d'effervescence. (Preuves de l'absence de carbonates alcalins déjà établie par la seule présence des sulfates terreux.)

10° La partie insoluble obtenue de l'évaporation de cinq litres d'eau (expérience 8) a été traitée par l'acide azotique; elle s'y est dissoute avec effervescence. L'acide a été évaporé complétement dans un vase recouvert d'une lame de verre qui n'a pas été attaquée, même par l'évaporation des gouttelettes d'acide condensées à sa surface. (Preuves de l'absence des fluorures.)

11° La masse sèche provenant de l'expérience précédente, a été humectée avec une nouvelle quantité d'acide azotique et abandonnée pendant quelques heures. Traitée alors par l'eau distillée, elle a laissé une poudre grisâtre, grenue, insoluble dans les acides azotique et chlorhydrique purs, mais solubles dans l'eau, après avoir été chauffée au rouge avec de la potasse caustique. (Preuves de l'existence de la silice.)

12° La dissolution aqueuse acide, séparée de la silice, a été additionnée de chlorure ammonique et saturée par l'ammoniaque en excès dans un flacon que j'ai aussitôt fermé. Elle a laissé, à la longue, un faible précipité roussâtre dont je parlerai à l'expérience 14. L'eau qui surnageait a été mêlée avec de l'oxalate ammonique qui a produit un abondant précipité blanc d'oxalate calcique. (Preuves de l'existence du carbonate calcique.)

13° Le liquide séparé de l'oxalate calcique a été rendu manifestement ammoniacal et traité par le phosphate sodique qui ne l'a pas troublé même après plusieurs jours. (Preuves de l'absence du carbonate magnésique.)

14° Le précipité obtenu au n° 12 était soluble dans les acides azotique et chlorhydique. Dissous dans l'eau à l'aide du second de ces acides, il a été soumis à l'ébullition avec un excès de potasse à l'alcool qui l'a fait reparaître en majeure partie. La solution potassique, saturée par l'acide chlorhydrique et traitée par l'ammoniaque, a fourni quelques flocons blancs dont une partie, humectée avec une dissolution cobaltique, a pris à la flamme du chalumeau une couleur bleue (preuves de la présence de l'alumine), et dont

l'autre, mêlée avec de l'acide borique ét fondue au chalumeau sur un charbon, a été pendant ce temps traversée par
un petit fil de fer. La masse refroidie, frappée à petits
coups avec un marteau, a laissé un noyau d'apparence
métallique attirable à l'aimant. (Preuves de la présence
d'un phosphate.)

15° La partie insoluble dans la potasse a été redissoute
dans l'acide chlorhydrique et évaporée avec précaution
pour chasser autant que possible l'excès d'acide. Elle a
été alors reprise par l'eau distillée qui a laissé un dépôt
blanc. Ce dépôt, convenablement lavé, prenait une teinte
jaunâtre par l'azotate argentique et devenait alors soluble
dans l'ammoniaque. (Preuves de la présence d'un phosphate.)

16° L'eau qui avait laissé le dépôt dont je viens de parler
avait dû s'emparer de la substance qui la colorait précédemment; je l'ai traitée par le sulfhydrate ammonique dans
un flacon fermé. Ce réactif l'a fait brunir et y a déterminé
à la longue un faible précipité noir. (Preuves de la présence du fer.)

17° J'ai ajouté un excès d'ammoniaque dans un litre
d'eau que j'ai lentement fait évaporer jusqu'à siccité. Le
résidu qu'elle a fourni, placé dans une petite capsule de
porcelaine et traité par quelques gouttes d'acide sulfurique, a été ensuite recouvert d'alcool auquel j'ai mis le feu
et dont la flamme n'a pas pris une couleur verte. (Preuves
de l'absence de l'acide borique.)

18° J'avais remarqué, en faisant concentrer l'eau sans
arriver à une dessication complète, qu'elle laissait, après le
refroidissement, sur le pourtour du vase qui la contenait et
près de sa surface, un enduit transparent et comme gom-
meux assez semblable à de l'albumine desséchée lentement et sans coagulation. Cet enduit se redissolvait dans
une plus grande quantité d'eau ainsi que dans l'alcool.
C'était sans doute la matière organique que j'avais reconnue, en la carbonisant, à l'expérience 7.

Je crus devoir l'étudier spécialement. Pour cela, je fis évaporer lentement trois litres d'eau en ménageant la chaleur sur la fin de l'opération. Je fis bouillir le résidu avec de l'alcool à 80°; je le jetai sur un filtre et le lavai avec du même alcool froid. J'obtins, après le complet refroidissement, quelques flocons blancs qui se réunirent lentement en une masse demi-transparente que je pus dissoudre en y ajoutant un peu d'eau distillée. Cette solution évaporée au bain-marie laissait un résidu jaunâtre demi-transparent, plus soluble dans l'eau et l'alcool bouillants que dans ces liquides froids, plus soluble aussi dans l'alcool faible que dans l'alcool concentré. Je l'ai soumis aux opérations suivantes :

A. — Voulant savoir s'il ne serait point formé par les acides sourcique et oxy-sourcique, j'en ai acidulé une partie par l'acide acétique et je l'ai traitée par l'acétate cuivrique qui n'a produit ni précipité ni changement de couleurs, même après la sursaturation par le carbonate ammonique aidé de la chaleur. (Preuves de l'absence des acides recherchés.)

B. — Une autre partie a été dissoute dans l'alcool hydraté et traitée par l'azotate argentique qui a fait naître un précipité floconneux très léger, d'abord blanc et devenant brun, même à l'obscurité. J'ai lavé ce précipité avec de l'alcool hydraté, car il était trop léger pour être lavé par l'eau qu'il surnageait en grande partie. Je l'ai réuni dans une petite quantité de liquide et je l'ai soumis à l'action d'un courant de gaz sulfhydrique pour en séparer l'argent ; puis, après l'avoir fait bouillir et l'avoir fait filtrer, j'ai fait évaporer doucement le liquide obtenu. Il a laissé un résidu semblable au primitif, qui m'a donné un nouveau précipité par l'azotate argentique, précipité incomplétement soluble dans l'ammoniaque.

C. — Une autre partie, traitée par la potasse caustique, s'y est dissoute. Il en a été de même par l'ammoniaque. La dissolution ammoniacale, évaporée lentement pour chasser l'ammoniaque libre, a été versée dans une dissolution de chlorure ferrique qu'elle n'a pas troublée.

D. — Une dernière partie a été mêlée sans résultat avec une dissolution de chlorure mercurique.

E. — Les liquides qui avaient servi à laver le premier précipité par l'azotate argentique, ont été séparés de l'excès du réactif par le moyen de l'acide chlorhydrique; ils ont ensuite été évaporés et calcinés. Ils ont laissé un résidu sur lequel j'ai pu constater la présence de la soude et de la potasse comme à l'expérience 9, **D.**

Il résulte de ces faits que cette matière n'est pas l'acide sourcique ni l'acide oxy-sourcique; qu'elle joue cependant le rôle d'un acide et qu'elle existe probablement dans l'eau à l'état de combinaison avec la soude et la potasse. En effet, ces bases se sont dissoutes avec elle dans l'alcool à 80°, tandis qu'elles ne l'auraient pas fait si elles avaient été à l'état de sulfate ou de carbonate.

C'est un acide d'une nature résineuse, comme les acides succinique et benzoïque, dont il diffère cependant, parce qu'il ne précipite pas les sels ferriques et que la chaleur paraît le décomposer sans le volatiliser. Il doit probablement son origine à une de ces couches de lignites qu'il n'est pas rare de rencontrer dans des terrains glaciers analogues à ceux du bas Chablais. Je ne serais pas étonné que les eaux de la Versoye lui dussent leur principale propriété ; car les matières résineuses ont une action toute spéciale sur les maladies des membranes muqueuses et surtout de celles qui tapissent les voies urinaires.

ANALYSE QUANTITATIVE.

Les opérations précédentes m'ayant demontré la présence du bi-carbonate calcique, des sulfates calcique et magnésique, de la soude, de la potasse, de la silice, de l'alumine, du fer, d'un phosphate et d'un acide organiques, c'est vers ces corps que j'ai dû tourner mes recherches relatives à la quantité de chaque principe minéralisateur des eaux de la Versoye.

1° J'ai fait évaporer à siccité, sans calcination, cinq litres d'eau ; ils m'ont fourni comme précédemment 1,80 de résidu.

2° J'ai traité ce résidu par l'eau distillée, jusqu'à ce que tout le sulfate calcique fut dissous : ce que j'ai constaté par l'acétate barytique. J'ai fait évaporer cette dissolution, j'en ai calciné le résidu et je l'ai repris par l'eau distillée ; j'ai filtré la solution pour la séparer de particules très ténues formées par le charbon de la matière organique. Le liquide filtré a été acidulé par l'acide acétique *pur*, évaporé à siccité, arrosé de nouveau d'acide acétique et repris par l'eau après quelques heures. Il s'est complétement dissous. Je l'ai traité par un excès d'acétate barytique et j'ai obtenu un abondant précipité blanc de sulfate barytique. Ce précipité a été lavé et ensuite chauffé avec de l'acide chlorhydrique, puis de nouveau lavé et enfin desséché au rouge. Il pesait alors 0,87.

3° La solution chlorhydrique, saturée par l'ammoniaque, a laissé un faible dépôt roussâtre que j'ai réuni au suivant comme étant de même nature.

4° Le liquide qui surnageait le sulfate barytique, a été saturé par l'ammoniaque et a laissé former, à la longue, un faible dépôt roussâtre qui, joint au précédent, et calciné au rouge, pesait 0,002. Cette petite quantité ne me permettait pas de l'analyser, mais les circonstances de sa formation me donnaient le droit de le considérer comme du phosphate barytique.

5° Le liquide dans lequel s'était formé ce précipité a été évaporé et son résidu chauffé au rouge pour détruire les acétates. Je l'ai alors traité, à plusieurs reprises, par l'eau distillée bouillante, qui a dû laisser la baryte, la chaux et la magnésie à l'état de carbonates. Toutefois, craignant que les deux derniers carbonates eussent été en partie décomposés par la chaleur et leurs bases rendues ainsi solubles, j'ai fait évaporer la solution obtenue, je l'ai arrosée de carbonate ammonique et je l'ai fait légèrement chauffer pour chasser ce dernier sel, qui devait faire repasser ces bases à l'état insoluble.

Je l'ai alors redissous dans l'eau distillée, et il a en effet laissé une petite partie non dissoute qui a été réunie au résidu de baryte, chaux et magnésie. La solution, de nouveau évaporée et calcinée, s'est ensuite complétement dissoute dans l'eau. Je l'ai ensuite sursaturée par l'acide chlorhydrique qui a produit une vive effervescence, puis je l'ai de nouveau évaporée et chauffée au rouge. Son résidu ne pouvait être formé que de chlorures de sodium et de potassium ; il pesait 0,275.

6° Je l'ai dissous dans de l'eau et, après y avoir ajouté du chlorure platinique, je l'ai desséché avec précaution et j'y ai ajouté de l'alcool qui a laissé une partie insoluble, soit du chlorure platinico-potassique, qui, après lavage et dessication, pesait 0,25.

7° Le résidu de la calcination des acétates dans l'expérience 5, a été traité par l'acide sulfurique, pour rendre la baryte insoluble. Traité alors à plusieurs reprises par de grandes quantités d'eau pour dissoudre les sulfates calcique et magnésique, il a été filtré et additionné de chlorure et d'oxalate ammoniques pour séparer la chaux. L'oxalate calcique ainsi obtenu a été rougi pour le transformer en carbonate, puis saturé par l'acide sulfurique pour le changer en sulfate qui, chauffé au rouge, pesait 0,31.

8° Le liquide dans lequel s'était formé l'oxalate calcique a été traité par l'ammoniaque et le phosphate sodique; il a donné du phosphate ammoniaco-magnésique qui, transformé par la calcination en phosphate magnésique, pesait 0,173.

9° Cinq autres litres d'eau ont été évaporés comme à l'expérience n° 1, et leur résidu séparé en soluble et insoluble, comme à l'expérience D, 2. J'ai traité la partie soluble comme aux expériences 7 et 8, pour y rechercher la chaux et la magnésie, parce que je craignais d'en avoir perdu quelques fractions dans ces opérations qui n'avaient pas été dirigées spécialement vers ce but. En effet, j'ai obtenu : sulfate calcique 0,32, et phosphate magnésique 0,175.

10° Les résidus de l'évaporation de l'eau, qui étaient restés insolubles aux expériences 2 et 9, ont été réunis et représentaient la partie insoluble de dix litres d'eau, pesant ensemble 2,20. Je les ai traités par l'acide azotique que j'ai évaporé et dont j'ai ajouté une nouvelle quantité pour la laisser agir seulement quelques heures, puis je les ai dissous dans l'eau distillée qui a laissé la silice, dont le poids, après lavage et calcination, étaient de 0,060.

11° La partie dissoute, traitée par l'ammoniaque dans un vase fermé, a laissé un dépôt qui, recueilli, lavé et calciné, pesait 0,02. J'avais déjà analysé ce précipité à l'article 14 de l'analyse qualificative ; je n'ai pas essayé d'en séparer les principes pour établir la proportion de chacun d'eux, car ces principes étaient trop nombreux relativement à la quantité minime du précipité qui les contenait. Je l'ai joint aux précipités analogues obtenus de la partie soluble dans l'eau aux expériences 3 et 4. Ces derniers provenaient de cinq litres et pesaient 0,002. Je double ce chiffre pour l'établir sur la même proportion de dix litres qui ont fourni le dernier obtenu. C'est donc 0,004 à ajouter à 0,02, soit 0,024, ou, par litre, 0,0024.

12° La liqueur dont j'avais séparé ce précipité, traitée par le chlorure et l'oxalate ammoniques, a fourni 2,10 de carbonate calcique.

RÉSULTATS.

En doublant les produits du résidu soluble, afin de les avoir sur dix litres comme ceux du résidu insoluble, on trouve pour le premier 1,40, soit par litre 0,14, et pour le second 2,20, soit par litre 0,22. Le résidu soluble a fourni 1° 1,74 de sulfate barytique, qui représente 0,598 d'acide sulfurique ;

2° Carbonate de chaux, qui, après sa transformation en sulfate, pesait 0,64, soit, par litre, 0,064. Les 0,64 de sulfate de chaux représentent 0,374 d'acide sulfurique, à déduire de la quantité totale précédemment portée, soit. . . . 598

A déduire. 374

Reste acide sulfurique non encore appliqué. 0,224

3° Phosphate magnésique, 0,350, qui représente 0,34 de sulfate magnésique (soit, par litre, 0,034). Cette quantité équivaut à acide sulfurique 0,224, quantité égale à celle restant non appliquée ci-dessus. Il en ressort que l'acide sulfurique trouvé était juste en rapport avec la quantité de chaux et de magnésie également trouvée, pour former des sulfates de ces bases.

4° Chlorures sodique et potassique 0,550, sur lesquels le chlorure platinique a fourni, en chlorure platinico-potassique 0,50, qui représente 0,150 de chlorure potassique à déduire du mélange des deux chlorures potassique et sodique. 0,550

Chiffre à déduire. 0,150

Reste en chlorure sodique. 0,400

Or, 0,40 de chlorure sodique représente 0,213 de soude (soit par litre 0,0213), et les 0,50 de chlorure platinico-potassique représentent 0,097 de potasse (soit par litre 0,0097).

5° Phosphate, alumine et fer, 0,024 (soit par litre 0,0024).

6° Silice, 0,060 (soit par litre 0,0060).

7° Carbonate de chaux 2,10, représentant bi-carbonate de chaux 3,02 (soit par litre 0,302).

Quant à l'acide organique, je n'ai pas même cherché à en déterminer le poids, il eût fallu pour cela des quantités considérables d'eau, afin d'étudier d'une manière plus spéciale et trouver un moyen de l'isoler des autres corps et de le dessécher. Le rapport et la nature des autres éléments de l'eau me font croire qu'il y est combiné à la soude et à la potasse.

TABLEAU DE L'ANALYSE.

Bicarbonate calcique. 0,3020
Sulfate calcique 0,0640
Sulfate magnésique 0,0340
Silice 0,0060
Phosphate, alumine et fer 0,0024
Soude 0,0213
Potasse. 0,0097
Acide organique, quantité indéterminée. . . 0,0000
Eau. 1000,0000
____
1000,4394

Si l'on déduit du bi-carbonate calcique un atôme d'acide carbonique, pour le réduire à l'état de carbonate simple, état dans lequel il existait dans le résidu, on trouve. 0,0920
____
1000,3474

Chiffre bien rapproché de celui des résidus par l'évaporation, surtout si l'on y ajoutait l'acide organique dont la quantité n'a pas été déterminée.

Ces résidus sont : Solubles. 0,14
Insolubles 0,22
____
0,36

Bonneville, le 24 août 1859.

Signé : DUMONT.

G

RAPPORT de M. le docteur Joseph Dubouloz relatif aux eaux de la Versoye, près Thonon.

A M. LE SYNDIC DE THONON.

Thonon, le 24 juillet 1859.

Monsieur le syndic,

J'ai l'honneur de vous adresser le résultat des observations que j'ai prises sur les eaux de la Versoye près de Thonon, en réponse aux sept questions qui m'ont été transmises.

D'abord je désignerai sous n° 1 la source la plus rapprochée de la grande route et qui est entourée de quelques chênes et de grands arbres dits vulgairement vernes.

Sous n° 2, la source qui est à quarante mètres environ de celle-ci et qui vient sourdre au milieu de quelques buissons de petits saules dits communément osiers verts.

Sous n° 3, le grand ruisseau qui passe sous le pont et qui est formé par la réunion de ces deux sources et probablement de plusieurs autres.

QUESTIONS.	OBSERVATIONS.
1° *Prendre 25 bouteilles de chacune des trois sources, bien puisées par un beau temps et bien étiquetées.*	1° Trente bouteilles ont été puisées avec beaucoup de soin, par un beau temps, goudronnées sur place, goudron *jaune* pour n° 1, goudron *vert* pour n° 2 et *rouge* pour n° 3, et marquées du sceau de la ville.
2° *Y joindre les dépôts des sources et à part.*	2° On a placé dans une bouteille à large goulot et étiquetée (Vases et dépôts du n° 2) de la vase qui est déposée sur le fond de la source n° 2, et qui m'a paru très savonneuse au toucher. On a mis dans une autre bouteille étiquetée (Mousses et dépôts du n° 3), des mousses

qui sont attachées aux pierres qui se trouvent dans l'eau n° 3 et qui m'ont paru contenir une matière glaireuse et comme gélatineuse.

3° Prendre la température moyenne de l'eau.

3° La température des sources n° 1 et 2, prise par une température atmosphérique de 30 degrés centigrades, a donné pour moyenne, pour la source n° 1, 15 degrés centigrades ; et pour la source n° 2, 14 degrés centigrades.

4° S'assurer du débit de chaque source pendant une heure ou deux.

4° Le n° 1 donne 80 litres par minute. Le n° 2 n'a pu être mesuré ; mais il me parait aussi abondant que le premier. Le n° 3 est une petite rivière.

5° Observer s'il se dégage aux sources quelques bulles d'air.

5° Je n'ai pu observer de bulle d'air sur la surface, même très tranquille, d'aucune des sources.

6° Indiquer si les gaz sont odorants, sulfureux, ou non.

6° Les eaux des trois numéros m'ont paru inodores.

7° Indiquer la nature des terrains et des roches avoisinantes.

7° Les sources n° 1 et 2 viennent sourdre en bas d'un pré qui a une pente légère. Les roches les plus voisines en sont distantes de trois kilomètres environ, et sont principalement formées de grès et de pierres calcaires.

Le terrain où vient sourdre la source n° 1 est formé d'un gros sable feldspathique et calcaire, mêlé de cailloux de même nature.

Le terrain de la source n° 2 est formé de tourbe et d'un sable excessivement fin.

Je ferai ici deux observations qui m'ont paru intéressantes.

Premièrement. Je me suis servi d'un thermomètre ordinaire dont la planche est recouverte d'un vernis gras à l'essence ou à l'huile qui a résisté jusqu'à ce jour à l'humidité de l'air et à la pluie, etc. Le court séjour qu'il a fait dans l'eau des fontaines (dix minutes par chaque opération, répétée matin, midi et soir) a suffi pour faire disparaître en partie ce vernis du thermomètre.

Secondement. Ayant conservé pendant trois jours de

l'eau de la source n° 1 dans un bocal, j'ai observé sur les parois intérieures de celui-ci une quantité prodigieuse de bulles d'air qui ont fini par disparaître au second jour. Alors l'eau est devenue très opaline, avait un goût léger de goudron et une odeur que je ne puis définir.

Voilà, monsieur le syndic, les observations que j'ai pu faire sur ces eaux qui me paraissent de plus très intéressantes d'après les différents effets qu'elles ont produits sur le grand nombre de personnes qui les ont fréquentées jusqu'à ce jour.

Agréez les sentiments de considération distinguée avec lesquels j'ai l'honneur d'être,

Monsieur le syndic,

Votre très humble et très obéissant serviteur.

Signé : Joseph DUBOULOZ,
médecin-docteur à Thonon.

Copie certifiée conforme à l'original,

Vu le syndic,   *Le secrétaire communal,*
BEAURAIN.   DERUAZ.

OBSERVATIONS ET CERTIFICATS DIVERS.

H

*CERTIFICATS des médecins de Thonon attestant plu-
sieurs guérisons.*

La ville de Thonon (Haute-Savoie) vient d'être dotée de
la découverte d'une source alcaline résineuse officiellement
constatée par les travaux analytiques de MM. Ossian Henry
et Calloud. Depuis longtemps cette source était en réputation pour blanchir le linge : saint François de Salles la disait cicatrisante et la recommandait dans quelques ophtalmies et les ulcères.

La ville de Thonon, devenue propriétaire de cette source,
éclairée sur ses propriétés par MM. les chimistes, demande
aux médecins des lieux qu'ils aient à faire un rapport sur
les résultats de l'usage qui en a été fait. C'est pourquoi les
médecins soussignés, exerçant dans l'arrondissement de
Thonon, répondant à l'appel fait par le conseil communal
de la ville à donner leur opinion sur les eaux de la Versoye
et à fournir à l'appui les observations qu'ils ont pu recueillir sur les effets de ce nouvel agent thérapeuthique, disent
d'abord :

1° Que depuis deux ans ces eaux ont été signalées à l'attention publique par les analyses qui en ont été faites par
M. O. Henry, chimiste des plus distingués de France, et aussi
par M. Calloud, chimiste de Chambéry, qui est venu répéter ses opérations sur les lieux ;

2° Que d'après cette analyse qui justifie que ces eaux
sont essentiellement alcalines et résineuses, de très nombreux malades y ont recouru et en ont fait une énorme
consommation, la plupart sans consulter les hommes de
l'art ;

3° Que la réputation de ces eaux s'est étendue au loin par le récit des cures merveilleuses que l'on entendait répéter, et cependant l'exercice médical y a été presque entièrement étranger.

Nous signalerons donc seulement quelques faits, que chacun de nous a pu recueillir. Aucun effet fâcheux n'a été connu, et nous restons convaincus que ces eaux ont produit des résultats heureux dans beaucoup d'affections muqueuses ; mais peu d'observations ont été recueillies avec soin, nous signalerons seulement les suivantes :

1° Une hématurie rénale, existant depuis plus de deux ans, avec production purulente, a été réduite à un huitième de ses secrétions après vingt-cinq jours de l'usage de ces eaux à la dose d'un litre et demi à deux litres par jour ;

2° Une urétrite chronique a disparu par l'usage de ces eaux pendant dix-sept jours, à la dose de trois litres par jour ;

3° Un catarrhe muqueux de la vessie a été guéri par l'usage de ces eaux pendant trente-cinq jours ;

4° Une laryngite chronique, qui s'aggravait facilement sous la moindre impression du froid, a été guérie par l'usage de ces eaux pendant les mois d'août, septembre et octobre 1859, et n'a pas inquiété le malade pendant la saison de l'hiver suivant.

TAVERNIER, d. m. Ch.; RIEUX, d. m. P.;
NOEL, d. m.; DUBOULOZ, d. m.

I

QUELQUES OBSERVATIONS sur *l'efficacité des eaux de la Versoye, recueillies par M. Dubouloz, docteur-médecin à Thonon.*

1° M. D., ancien militaire, souffrait depuis quatre à cinq ans d'une dysurie avec douleurs très vives dans la vessie, dont il souffrait principalement la nuit, ce qui l'obligeait de se lever souvent pour uriner quelques gouttes. Souvent il m'avait consulté pour cette maladie qui cédait un peu à un traitement antiphlogistique et à un régime bien suivi. L'année passée, après un usage de deux mois des eaux en boisson, il a été soulagé complètement, et il a vu disparaître la difficulté d'uriner ainsi que les douleurs qui faisaient son supplice.

2°. Mlle D. souffrait d'une gastralgie avec digestions pénibles, accompagnées de pyrosis, ballonnement, etc., et maigrissait considérablement; l'usage des eaux pendant six semaines en boisson a produit une éruption abondante de petits boutons miliaires ; dès ce moment, la digestion est devenue plus facile, et l'embonpoint est revenu avec l'appétit.

3°. Un magistrat de Savoie, M. N. souffrait depuis longtemps d'une incontinence d'urine avec digestions laborieuses et douleurs dans les reins; il a fait usage des eaux l'an passé; il a été si content et si satisfait qu'il y est revenu cette année pour confirmer sa guérison et par reconnaissance pour cette source merveilleuse.

4° Un enfant âgé de huit ans était affecté depuis sa naissance d'un impétigo occupant toute la tête, ainsi qu'une partie de la figure; quelques cheveux rares et fins existaient par ci par là. Je lui ai ouvert plusieurs abcès qui se formaient par dessous les croutes. Il a bu pendant longtemps des tisanes dépuratives, ainsi que de l'huile de foie de morue sans succès, et je l'avais perdu de vue. Enfin, il a fait usage des eaux intérieurement, et en application pendant six mois : aujourd'hui cette affreuse maladie a totalement disparu, et les croûtes ont fait place à une belle chevelure.

5° M. M. portait depuis dix ans une dartre eczémateuse à la partie interne de la cuisse; il a employé l'eau en application de compresses mouillées, et, au moyen de ce traitement continué pendant un mois, il a vu disparaître cette maladie sans accidents consécutifs.

Enfin, je pourrais citer beaucoup d'autres observations qui prouvent l'efficacité de ces eaux dans les gastralgies, les affections catarrhales en général, principalement celles des yeux et des bronches, les affections de la peau, et leur vertu cicatrisante et détersive pour les plaies anciennes et les blessures.

Thonon, 24 août 1860.

DUBOULOZ,
Docteur - médecin.

Je joints à la suite de ces attestations celles de M. Ribault de Laugardière, et celle du sieur Joseph Barrucand ; ce dernier m'a montré ses deux pieds, où j'ai vu les cicatrices énormes des plaies dont il parle. Cet homme, qui est ouvrier tourneur, est parfaitement guéri et a repris son travail.

J

Je soussigné certifie qu'ayant eu les deux pieds gelés le 28 février 1854, j'eus l'imprudence de me chauffer, ce qui amena la mortification des tissus de la plante des pieds et des orteils, ainsi que de vastes ulcères pour lesquels je suis allé demander des soins aux hôpitaux de Genève et d'Annecy, où il a été question de me faire l'amputation des deux pieds. Ce n'est qu'à mon refus qu'on ne l'a pas faite.

Ce fut donc le 15 février 1860 que j'entendis parler de la vertu des eaux de la Versoye, près de Thonon. J'ai usé de ces eaux remarquables en application et en bains de pieds, du 25 février jusqu'à ce jour, 22 août, et j'ai le bonheur de déclarer que je suis complétement guéri d'une maladie qui a fait mon désespoir pendant cinq ans.

Thonon, le 22 août 1860.

JOSEPH BARRUCAND, d'Annecy.

K

Monsieur le docteur,

Ayant appris que vous vous proposiez de faire des démarches pour fonder un établissement pour utiliser la nouvelle découverte de l'eau merveilleuse de la Versoye, je m'empresse de déposer entre vos mains mon tribut de reconnaissance que je dois à leur bienfait.

Quand je suis arrivé ici, il me restait à peine un souffle de vie et mes jambes engorgées ne pouvaient plus supporter le poids de mon corps.

Dès les premiers jours de l'usage de cette eau, j'ai éprouvé un soulagement considérable dans la respiration, ma poitrine s'est successivement dégagée, l'enflure des jambes a complétement disparu, et indépendamment du bien que je viens de signaler, je dois ajouter que j'ai retrouvé dans mes facultés les avantages que bien des malades vont chercher à Evian.

Thonon, le 23 août 1860.

RIBAULT DE LAUGARDIÈRE.

L

Le soussigné, curé de Thonon, est heureux de déclarer qu'il a obtenu le plus heureux résultat des bains qu'il a pris pendant un mois avec les eaux de la Versoye de Thonon.

Dès l'année 1845, où il a eu à souffrir de la fièvre typhoïde la plus intense, il en est résulté pour lui une gastralgie des plus tenaces, et qui a résisté aux eaux de Vichy et aux eaux de Louêche, qu'il a fréquentées plusieurs années consécutives; aujourd'hui il a l'espoir d'être délivré, sinon entièrement, du moins assez du mal dont il souffrait, pour rendre auxdites eaux de la Versoye le témoignage le plus flatteur et le plus mérité.

Il impute sa guérison à la forte éruption que ces eaux lui ont occasionnée. Cette éruption s'est plus particulièrement fait sentir dans les jambes qui ont été couvertes de boutons ou pustules qui lui ont donné les démangeaisons les plus violentes.

Je regrette la précipitation de ce certificat et l'absence des termes de l'art, mais je suis heureux de certifier que c'est à ces eaux que je dois le bien—être physique dont j'étais privé depuis plus de seize ans.

Thonon, 24 août 1860.

TRINCAZ,
Chanoine, curé de Thonon.

M

NOUVELLES OBSERVATIONS recueillies par M. le docteur Jos. Dubouloz.

Thonon, le 3 octobre 1860.

Les différentes observations que j'ai pu recueillir encore sur la vertu de nos eaux sont en petit nombre, mais elles sont remarquables. Il n'y en a que quatre; parmi ces quatre, trois des malades qui en font le sujet sont venus eux-mêmes m'en faire leur déclaration, me permettant d'y mettre leurs noms et prénoms et offrant de la signer au besoin. Le quatrième est à Genève; mais il m'a dit lui-même, dans le temps qu'il était ici, tout le bien qu'il en a éprouvé.

1° M. Jean—Baptiste, maître sellier, à Thonon, âgé de cinquante-huit ans, était affecté, depuis trente ans, d'une vaste dartre eczémateuse, occupant tout le gras de la jambe gauche, laquelle avait succédé à une gale qu'il avait contractée à l'âge de vingt-cinq ans à Paris; il a été radicalement guéri de sa dartre sans accidents consécutifs, par l'usage, en application seulement, de compresses mouillées avec l'eau de la Versoye, pendant un mois.

2° M. Gobel (Charles) laboureur, domicilié à Thonon, âgé de quarante-sept ans, est sujet à une gastralgie avec digestions pénibles, rapports acides, pyroses, constipations. S'il boit pendant deux ou trois jours seulement de ces eaux, il sent de suite ses digestions devenir plus faciles, le bien-être revenir et succéder à une quantité de gaz qui se développent dans l'estomac par suite de la neutralisation des acides par les sels alcalins que ces eaux contiennent. Je ne doute pas qu'il ne guérît radicalement s'il continuait pendant quelque temps; mais aussitôt qu'il se sent mieux, il cesse pour aller travailler.

3° M. Sabatier (Jean-François), maître-cordonnier, âgé de quarante-huit ans, de Thonon, était atteint, depuis quatre ans, d'un catarrhe bronchique avec expectoration abondante, surtout le matin, perte d'appétit, digestion difficile, amaigrissement, insomnie. Au bout de dix jours seulement de l'usage des eaux, son catarrhe avait diminué de moitié, la digestion est devenue facile. Aujourd'hui, l'embonpoint est revenu et il est complètement guéri de sa maladie.

4° M. M..., de Genève, âgé de cinquante ans environ, avait aussi un catarrhe bronchique qui faisait son supplice depuis cinq ans, de plus il était affecté d'une douleur rhumatismale ancienne à un genou. Il a éprouvé un soulagement si grand au bout de quelques jours qu'il exprimait son contentement à tous ceux qu'il rencontrait. Enfin il est parti de Thonon, guéri de ses deux maladies.

N. B. Tous ces malades, excepté le premier, ont fait usage des eaux en boisson seulement, à la dose de cinq à huit verres le matin à jeun et pendant la belle saison.

Signé : Dubouloz, docteur-médecin.

N

OBSERVATIONS, recueillies par M. Tavernier, docteur-médecin-chirurgien, à Thonon.

Je soussigné déclare que, bien que j'aie entendu citer de nombreux cas de guérisons opérées par les eaux de Thonon, dite de la Versoye, je n'ai pu recueillir que très peu d'observations sur leur efficacité, attendu qu'il ne m'était pas permis de les conseiller sans en connaître l'analyse, qui n'a été faite que cette année ; cependant, quelques-uns de mes malades en ayant fait usage sans mon avis et de leur propre volonté, j'ai pu en constater les bons effets dans les cas ci-après :

1° Le sieur Dupraz (Jean), de Lullin, âgé de soixante-dix-huit ans, atteint depuis longtemps d'une cystite muqueuse négligée, finit, en juin de l'an passé, par avoir des douleurs très aiguës dans le bas-ventre et des rétentions d'urine qui nécessitèrent le cathétérisme pendant plusieurs jours, jusqu'au moment qu'il lui fut conseillé d'user pour boisson de l'eau de Thonon, ce qui ne tarda pas de faire cesser la rétention et les douleurs, et dissipa peu à peu le catarrhe en moins de deux mois. Dès lors, ce vieillard a eu plusieurs ressentiments, qui ont disparu rapidement chaque fois qu'il a pu user de cette eau alcaline. Je l'ai encore rencontré le mois dernier ; il était en bonne santé et n'éprouvait pas le moindre malaise du côté de la vessie.

2° En 1842, M. T..., alors aumônier de Mgr l'évêque d'Annecy, aujourd'hui curé à Thonon, âgé maintenant de cinquante-trois ans, d'un tempérament bilioso-nerveux, fut atteint d'une fièvre typhoïde grave qui dura plus de deux mois, tint sa vie en danger pendant plusieurs jours, et laissa à sa suite un état d'irritation nerveuse de l'estomac et des intestins, caractérisée alternativement par de l'inappétence, de la constipation, des vertiges, des vomissements, des aigreurs, des coliques, de la mélancolie, etc., irritation pour laquelle il était allé pendant plusieurs années en principe aux eaux de Vichy sans obtenir de soulagement. En 1858 et 1859, il se rendit aux eaux de Louèche, sans obtenir plus grand succès. Enfin, cette année, ayant beaucoup entendu parler des effets merveilleux des eaux minérales de Thonon, il se mit à en faire usage. Il commença à les prendre en boisson, et, voyant qu'elles n'agissaient pas suffisamment, il résolut le premier de les employer en bains, ce qu'il fit régulièrement tous les jours pendant un mois. Quel fut son étonnement lorsque, au bout de quelques jours, il vit apparaître à la surface de son corps, notamment aux membres inférieurs, des plaques érythématiques, des boutons et des pustules, accompagnés de vives démangeaisons ; en un mot, tous les symptômés d'une poussée plus forte que celles qu'il avait éprouvées les années précédentes à Louèche, et qui finirent par disparaître de la même manière en quinze jours et par desquamation, tout en continuant les eaux en bains et en boisson.

Sous l'influence de ce traitement, M. le curé vit ses malaises disparaître peu à peu, son appétit et sa gaîté renaître, les fonctions alvines se régulariser, et une affection herpétique ancienne de la face se modifier très avantageusement. Aujourd'hui, M. le curé dit à qui veut l'entendre que, de tous les traitements nombreux qu'il a suivis, les seules eaux de Thonon ont pu lui rendre la santé.

J'observerai que j'ai rencontré ce phénomène remarquable de la poussée non seulement chez M. le curé, mais chez plusieurs autres personnes qui n'avaient usé des eaux qu'en boisson.

Les deux autres observations qui suivent en font foi.

3° M. V... avocat, à Thonon, âgé de soixante-huit ans, était sujet, dans les saisons froides et humides, au catarrhe pulmonaire et à l'asthme ; l'an passé, il alla chaque matin, pendant plus d'un mois de la belle saison, boire de l'eau à la source ; au bout d'une quinzaine, il lui survint de nombreux boutons accompagnés de démangeaisons, notamment sur la poitrine et les membres supérieurs, éruption qui disparut au bout de quinze autres jours en continuant la boisson. Ce traitement a rendu à M. V... une santé parfaite, à tel point qu'il a traversé les trois saisons de cette année humide sans le moindre malaise.

4° Mlle R..., de cette ville, âgée de quinze à seize ans, fut atteinte, cet hiver, d'une affection herpétique de la face. Au printemps, elle usa régulièrement pendant un mois, des eaux de Thonon en boisson et en lotions ; elle ne tarda pas de voir apparaître sur la face de nombreux boutons et des pustules, accompagnés de démangeaisons. On fut inquiet ; je fus appelé ; je me bornai à conseiller de continuer simplement l'usage des eaux, et, au bout du mois, l'éruption disparut en même temps que l'herpès.

D'après ces seules observations, on voit que les eaux minérales alcalines de Thonon ont été utiles dans les affections nerveuses, catarrhales et herpétiques ; et, si généralement on attribue à la poussée les cures merveilleuses qui s'obtiennent chaque année à Louèche, que ne doit-on pas attendre des eaux de Thonon, puisqu'elles produisent le même effet et qu'elles peuvent être appliquées à une bien plus grande variété de maladies !

Thonon, ce 29 septembre 1860.

Signé : TAVERNIER, d^r-méd.-ch.

O

OBSERVATIONS recueillies par M. Geoffroy, docteur-médecin, à Thonon.

Au nombre des observations pathologiques qui vous ont été transmises, permettez-moi d'ajouter des faits qui, s'ils ne sont pas très importants, prouvent d'une manière évidente que nos eaux de la Versoye possèdent une action thérapeutique bien marquée sur les fonctions de l'organisme.

PREMIÈRE OBSERVATION.

Mlle Joséphine X..., âgée de quinze à seize ans, blonde, dont la peau est délicate et blanche, était, depuis l'âge de dix ans, atteinte d'éphélides lentigineuses ; ces taches de rousseur occupaient le nez et la pommette, et, quoiqu'elles ne fissent pas de progrès, elles ne faisaient pas moins le

désespoir de cette jeune personne. Dans l'espoir d'une guérison prompte et assurée, elle fréquenta pendant trois semaines les eaux, et, grâce aux lotions journalières et à leur
emploi intérieur, elle fut entièrement débarrassée de ce
qu'elle appelait sa laideur.

DEUXIÈME OBSERVATION.

M. M..., négociant à Genève, ayant passé plusieurs saisons
à Genève, aux bains d'Evian, pour quelques écarts de jeu-
nesse, sans obtenir d'amélioration, se vit, sur la renommée
toujours croissante des eaux de la Versoye, dans l'obliga-
tion de les visiter. Il se décida donc à se rendre à Thonon,
malgré l'avis contraire d'un de ses amis qui se trouvait dans
les mêmes conditions. Six semaines au plus suffirent pour
que la guérison de M. M... fut complète, et l'ami, qui dédai-
gnait d'abord les moyens précieux de ces eaux, fut à son
tour obligé d'y recourir pour obtenir la guérison d'un catarrhe chronique de la vessie, très ancien. Ces faits sont
d'ailleurs confirmés par la lettre de M. M..., riche négociant
à Genève. Je me fais un devoir de vous la transmettre.

TROISIÈME OBSERVATION.

Mlle Eugénie L..., âgée de 35 ans, portait depuis plusieurs
années, à la partie supérieure du sternum, une vaste ulcé-
ration de nature syphilitique contre laquelle elle n'avait
employé aucun moyen de guérison. Cette malheureuse,
n'ayant confiance qu'en l'efficacité des eaux de la Versoye,
eut la constance, pendant un mois, de faire d'abondantes
lotions sur cette partie et d'en continuer l'usage à l'intérieur
jusqu'à ce jour. Cette plaie est cicatrisé totalement; un
traitement syphilitique, je n'en doute pas, complétera la
guérison radicalement.

Du 1er octobre 1860.

Signé : GEOFFROY, docteur-médecin.

PARIS. — Imprimerie SERRIERE et Ce, 123, rue Montmartre.

www.ingramcontent.com/pod-product-compliance
Lightning Source LLC
Chambersburg PA
CBHW061253060726
47596CB00002B/580